KB082196

서울 속 건축

일러두기

1   한국어판은 2012년 출판된 영문판의 200가지 건축물의 정보를 2015년
    기준으로 수정·보완하고, 추가할 가치가 있는 16가지 건축물을 더했습니다.
    추가 건축물 원고는 월간 《건축세계》 편집장 이경일 님이 작성했습니다.

2   한국어판은 구글 지도로 연결되는 QR코드를 삽입해 길 찾기를 돕고자 했습니다.

3   건축물 이름은 공식적으로 사용하는 것을 기준으로 표기했습니다.

4   한국어판은 독자의 이해를 돕기 위해 용어 설명을 수록했습니다.

5   2019년 현재 폐업 또는 상호명이 변경된 곳은 아래와 같습니다.
    44쪽 플라토미술관, 118쪽 313아트프로젝트, 119쪽 플래툰 쿤스트할레

서울 속 건축
ARCHITECTURAL GUIDE, SEOUL

2015년 10월 28일 초판 발행 ❍ 2019년 4월 29일 3쇄 발행 ❍ 지은이 울프 마이어 ❍ 감수 이주연 이경일
추가 원고 작성 이경일 ❍ 옮긴이 전정희 ❍ 펴낸이 김옥철 ❍ 주간 문지숙 ❍ 편집 김한아 김다은
디자인 안마노 이소라 ❍ 커뮤니케이션 이지은 ❍ 영업관리 강소현 ❍ 인쇄 스크린그래픽 ❍ 펴낸곳 (주)안그라픽스
우10881 경기도 파주시 ❍ 회동길 125-15 ❍ 전화 031.955.7766(편집) 031.955.7755(고객서비스) ❍ 팩스 031.955.7744
이메일 agdesign@ag.co.kr ❍ 웹사이트 www.agbook.co.kr ❍ 등록번호 제2-236(1975.7.7)

이 책의 국립중앙도서관 출판예정도서목록(CIP)은 서지정보유통지원시스템 홈페이지
(seoji.nl.go.kr)와 국가자료공동목록시스템(www.nl.go.kr/kolisnet)에서 이용하실 수 있습니다.
CIP제어번호: CIP2015027943

ISBN 978.89.7059.829.1(03610)

서울 속 건축

울프 마이어 지음

이주연·이경일 감수
전정희 옮김

안그라픽스

중구

이방인의 편견 없는 서울 건축 보기

울프 마이어

이 책 『서울 속 건축』은 서울과 인근 지역 안 약 200여 개의 건축물을 마르틴 에버레 (Martin Eberle)의 사진과 함께 소개한다. 건축물은 주변 맥락과 간결성을 기준으로 선정해 특별한 디자인 접근성과 상징성을 보여준다. 나는 세 번의 서울 방문을 통해 가이드북의 토대를 다졌다. 이따금 서울은 그 진가를 제대로 인정받지 못하기도 한다. 수도권 인구는 약 2,500만 명으로 세계적으로도 상당한 규모를 자랑한다. 유럽의 관점에서 본다면, 방문객이 수도권의 모습을 처음 접했을 때 드는 감정은 두려움에 가깝다. 하지만 다시 들여다보면 미처 발견하지 못한 도시의 풍성한 문화적·건축적 매력, 다양성, 용기를 발견하게 된다. 오래도록 '친화적 건축 (communicating architecture)' 분야와 유럽, 북아메리카, 동아시아 도시 디자인 분야에서 일하며 나는 점차 동아시아의 도시에 매료되었다.

북촌과 한옥, 중구 중심지의 스카이라인, 강남의 새로운 비즈니스센터를 시작으로 건축을 향한 나의 열정을 더 많은 대중에게 전달하고자 한다. 책을 따라 서울 건축물을 하나하나 둘러보면 한국 천주교 박해라는 역사 위에 세워진 절두산 천주교순교성지와 백남준아트센터와 같은 문화 시설, 해체주의 건축을 선보이는 선타워, 서울국제금융센터 같은 비즈니스 빌딩, '도시 안의 또 다른 도시'인 전쟁기념관 같은 기념 건축물에 이르는 다양한 건축을 경험하게 된다. 이 안내 책자를 통해 서울 방문객이 도시의 '일상 건축' 속에 숨겨져 처음에는 놓치기 쉬운 도시의 자그마한 부분까지도 들여다볼 기회를 제공하고 싶다. 주요 도로에서 벗어나 작은 부티크와 갤러리가 모여 있는 좁은 골목으로 들어가 보길 권한다.

책에서는 한국 유명 건축가의 작품도 소개하고 있다. 서울올림픽경기장을 설계한 건축가로 이름을 떨친 김수근은 1960-1980년대 '예술과 지성을 이끌었던 중심축'으로 잘 알려졌다. 쇳대박물관을 설계한 건축가 승효상이 1990년대 건축의 별이었다면 자신만큼이나 멋진 건축물을 선보이는 건축가 조민석은 젊은 별이다. 건축가 김종성은 언젠가 내게 'M이 두 번 들어가는 미스터 Kimm'으로 자신을 소개했다.

기원전 백제의 도읍이기도 했던 서울은 기원전 38년 로마 제국에 의해 설립되어 독일에서 가장 오래된 도시 중 하나인 쾰른보다 오랜 역사를 자랑하고, 베를린보다는 무려 3배나 앞서 시작된 도시이다. 흥미롭게도 이런 역사가 도시 건축에는 크게 반영되지 않아 도시 안의 건물 대부분이 그리 오래되지 않았다.

역사적 관점에서 보면, 1910-1945년 일제강점기는 일본이 한국에 영향을 미치던 시대였다. 일본은 서울 시내에 전차를 도입하고 서양 건축과 공학 기술을 한국에 소개했다. 이처럼 한국은 동쪽에서 넘어온 외세에 떠밀려 서구화되어갔다. 1945년 광복과 1950-1953년 한국전쟁을 거쳐 1960년대 자동차가 출현하면서 오늘날 도시 생활 관점에서 실수라고 평가받는 전차의 자리를 고속도로가 대신 채웠다. 도시 중심지를 지나던 고가 도로를 철거하고 그 아래 묻혀 있던 청계천을 다시 복원한 프로젝트는 모범적인 건축 사례이다. 현재 청계천은 약 8킬로미터에 이르며 많은 사람이 거니는 훌륭한 도시 공간으로 재탄생했다. '접시에 담긴 스파게티'를 연상시키는 서울의 광대한 지하철 노선은 1970년대에 들어서서야 겨우 구축되기 시작했고 오늘날 세계에서 인정받는 수준으로 발전했다.

오늘날 서울은 높은 인구 밀도와 고층 건물을 대표하는 도시가 되었다. 일반적으로 주택이라고 하면 비교적 낮은 높이의 공동주택을 떠올리는 독일과 달리 서울에서는 고층 주택을 크게 선호한다. 지상 60층이 넘는 '63빌딩'이나 '동북아무역타워'는 동북아시아 중심에 서겠다는 한국의 의지를 대변한다. 세계 경제 강국 사이에 위치한 반도 국가라는 한국의 전략지정학적 위치가 유리하게 작용했다.

이제 한국어로 펴낸 이 책을 통해 한국 독자에게 서울의 가장 흥미로운 건축물을 소개하게 되었다. 이방인의 편견 없는 시선이 독자에게 신선하게 다가가길 바라본다. 앞서 이 책이 해외에서 인정받아 정말 기쁘고, 그 성공이 한국에서도 이어질 수 있기를 희망한다. 책이 만들어지기까지 애써준 모든 이에게 정말 깊은 감사의 말을 전하고 싶다.

2015년 9월 1일, 베를린에서
울프 마이어

동북아시아의 허브, 서울

게르하르트 라이펜라트

오늘날 서울의 새로운 입구는 2001년 완공된 인천국제공항이 되었다. 인천국제공항은 서울 도심에서 약 50킬로미터 떨어진 간척지에 건설되었으며 효율성과 편리성 측면에서 계속 좋은 평가를 받고 있다. 한국은 앞으로 수십 년 안에 인천을 계속 확장해 아시아 전 지역으로 통하는 주요 허브 역할을 수행하도록 만들 계획이다. 분명 야심찬 목표다. 중국과 일본 사이 야심에 차 있는 한국이라는 땅에서, 인천이라는 도시는 여러 측면에서 큰 상징성을 가지고 있다.

1988년 서울올림픽은 세계지도와 전 세계인의 인식에 서울을 자리 잡게 만든 계기가 되었다. 하지만 사람들은 그 밖의 서울에 관해서는 무엇을 알고 있을까? 20세기 중반 이후로 서울은 경제·정치 분야의 트렌드 센터인 도쿄와 베이징에 가려져 왔다. 평양의 군사 선동 문구에서는 항상 미사일 세례를 받거나 불바다가 될 도시로 언급되곤 한다. 1970년대 초, 서울은 고작 200만 명이 사는 도시에 불과했다. 오늘날에는 서울에만 1,000만 명, 서울을 포함한 수도권에는

2,500만 명이 거주한다. 이 같은 서울의 발전은 유럽 도시를 기준으로 보면 믿기 어려운 결과이지만 급부상하는 동아시아 지역의 많은 도시를 생각해본다면 서울의 발전이 그리 특별한 것은 아니다.

한국의 수도인 서울은 시시때때로 요동치는 현재의 이 역동적인 세계정세 속에서 단순히 우위를 겨루는 게 아니라 우위를 차지하는 데 목표를 두고 있다. 한국의 대중문화는 이 목표가 가능하다는 사실을 입증했다. 2012년 수천만 세계인이 한국의 한 비디오 영상에 열광하고, 결국 유튜브에서 최다 시청한 영상으로 기록되었다. 서울의 유행을 이끄는 장소 가운데 하나를 제목에 넣은 이 노래는 세계적인 성공을 거두었다. 바로 '강남스타일'이다.

인천국제공항에서 내려 수도권으로 들어서면 산업 지역과 주거 지역, 공사 현장을 가장 먼저 만나게 된다. 언제나 새로운 대지가 개간되고 바다였던 곳은 간척지가 된다. 높이 솟은 나무가 우거진 산을 통해 서울의 지형적 특성을 볼 수 있다. 산의 신선한 녹

음은 매주 주말마다 수천 명을 산으로 불러들인다. 사람들은 자연을 향한 갈망을 그렇게 채우며 빡빡한 도시 생활과 균형을 맞추려 한다. 지금은 산의 짙은 녹음이 당연하게 느껴지지만, 사실은 당연한 것이 아니었다. 1950년 발발한 한국전쟁이 휴전한 뒤 벌거숭이가 된 산을 복원하는 사업을 진행했고, 그 성공의 결과가 바로 지금의 모습이다.

한국의 야망은 도시와 나라 전체로 완전히 퍼졌다. 2010년 서울에는 '세계 디자인 수도(The World Design Capital)'라는 새로운 이름이 추가되었다. 이는 마치 한국 사회가 이미 탈공업 사회에 진입했다는 인상을 주고 있지만 실상 여전히 중공업·자동차·가전제품 산업이 가까운 미래까지 한국 경제를 이끌어 갈 견인차 역할을 할 것이다. 하지만 한국이 얼마나 현실감이 없는지, 그것과는 별개로 이미 이 미래 시나리오는 꽤 많이 알려졌다. '아시아의 허브'도 '아시아의 영혼'도 좋다. 이제는 그늘에서 나와 세계인에게 인정받을 때가 된 것이다. 언제나 외세에 휘둘리는 약소국으로만 인식되었던 한반도 남쪽의 이 나라가 이제 꿈을 향해 나아가는 것이다.

수도로서 서울은 저주와 축복 모두를 안고 있다. 순위에 사로잡힌 한국인에게 서울은 모든 면에서 유일무이한 최고의 도시다. 최고의 대학이 모여 있고 줄어들지 않는 도시의 활력 덕분에 경력을 쌓을 기회와 질 높은 일자리도 많다. 부모는 아이를 위해, 학생은 인근 대학교에 지원하기 위해 서울로 모여든다. 서울의 대학교는 주변 경기 지역에 분교인 캠퍼스를 설립하는 경우도 있다.

한국에서 서울과 다른 지역 사이에는 차이가 존재한다. 광주나 크기가 베를린만 한 부산과 같은 다른 큰 도시 사람들도 그런 차이를 좋아하지는 않지만 감히 그 차이에 도전할 수도 없다. 사회 전반의 모든 분야가 서울로 편중되는 것을 막기 위해 새로운 수도인 세종시를 세우고 2030년까지 50만 명이 사는 도시를 만들겠다는 정치적 결정이 내려지기도 했다. 하지만 합의 부족으로 프로젝트는 지연되었고 결국 반쪽짜리 해결책으로 남았다.

기원전 한국 역사를 살펴보면 수도를 이전하는 경우가 빈번했다. 한반도 전역에서 서로 다른 나라들이 생겨나 여러 수도가 함께 존재하던 시절도 있었다. 1392년 태조 이성계가 한반도 전역을 통일해 조선이라는 나라를 세우고 오늘날 한국의 중심이 되는 도시를 수도로 삼게 되었다. 조선의 수도는 '한양'이라 불렸고 일본인들이 '한양'이라는 이름을 '경성'으로 바꾸었다. 일본이 한국에서 물러난 뒤 '서울'로 이름을 다시 바꾸었으며 이후 줄곧 한강을 품고 있는 이 도시를 상징하는 이름이 되었다.

옛 지도를 보면 지난 700년 동안 도시의 형태가 크게 변하지 않은 것을 확인할 수 있다. 궁은 풍수학을 반영해 북쪽으로는 산, 남쪽으로는 강을 끼고 배치해 도시의 정점이 되었다. 하지만 도시는 오래전 조선왕조 시절보다 규모가 커지면서 성곽 넘어서까지 확장되었다. 도시 확장으로 무너졌던 성곽 대다수는 현재 복구되고 있으며 성곽을 이으면 고리 모양이 된다. 현재 남아 있는 사대문과 사소문은 엽서의 배경이 되기도 한다. 도성

남쪽 정문인 숭례문은 현재 한국의 '국보 제 1호'이다. 숭례문은 일본의 방화와 일제강점기, 한국전쟁에서도 살아남았지만 한 한국인의 화를 견뎌내지는 못했다. 2008년 자신의 토지 보상 문제로 불만을 품은 남성이 방화를 저질러 숭례문은 결국 불에 타 소실되고 말았다. 방화 사건이 있기 전에는 숭례문에 특별한 보안책이 없었지만 이젠 문화유산에 걸맞은 첨단 보안 시설을 갖췄다. 숭례문은 5년 동안의 복원 작업을 마치고 최근에서야 대중에게 공개되었다. 이전의 숭례문은 차도로 둘러싸여 보행자들의 접근이 제한되었다. 지금은 예전 성곽의 일부를 복원하고 숭례문 주변에 공원을 조성했다. 옛것이 만들어내는 민족의 독자성과 정체성이 중요하다는 것을 깨닫게 되면서 사람들은 옛것의 진가를 알아보기 시작했다. 건물과 도시의 풍경에 둘러싸인 숭례문은 누구의 관심도 받지 못했고, 높다란 기업과 은행 건물은 자신 주위의 문화유산에 관해 고민해보지 않았다. 결국 이것이 숭례문이 마지막 관심을 갈구하는 방치된 아이처럼 보이던 이유였다.

일본인은 한국인에게 잊고 싶은 흔적을 남겼다. 일제강점기 행정의 중심지였던 서울은 일본인이 세워놓은 행정 관리 건물, 은행, 백화점, 신사로 가득 차 있었다. 독립 이후 이 건물들은 식민지 시대를 다시 기억하고 싶지 않은 사람들에게 원치 않는 일제의 잔재가 되어 역사의 밑바닥에 남게 되었다. 이와 같은 상징성 때문에 한국전쟁에서 살아남아 크게 훼손되지 않은 식민지 시대 건물도 철거되었다. 이 시대에 세워지고 철거된 건물 중에는 독일 건축가가 설계한 건물도

있다. 물론 수십 년 동안 사용한 건물도 있다. 서울역과 시청청사, 서대문형무소가 그랬다. 서대문형무소는 일본 식민지 시대 전에 세워져 식민지 시대는 물론 독립 이후에도 줄곧 한국인의 고통이 서린 장소였다. 일제강점기에 조선 시대 궁은 그저 민속적인 풍경을 보여주는 전시관, 놀이공원, 심지어 동물원으로 바뀌어 사용되다가 이후 한국의 독자성을 보여주는 공간으로 재발견되어 현재는 옛 모습 그대로 잘 복원되었다.

1997년 금융 위기는 애초부터 없었던 것처럼 도시 건설은 지금도 계속되고 있다. 미래는 낙관적이다. 인천 송도가 이를 입증해주고 있다. 그곳의 모든 건물은 옥상정원, 특히 잣나무를 심은 옥상정원을 갖췄다. 건물의 생애주기가 길지 않기 때문에 건물의 크기는 큰 문제가 되지 않는다. 한강 남쪽에 위치한 강남이 이런 경향을 뚜렷하게 보여준다. 1950년대까지 논밭이 주를 이루던 강남은 같은 땅에 벌써 네다섯 번 정도 건물이 들어섰다가 철거되고 다시 건설되길 반복하고 있다. 건물은 영원히 그 자리에 서 있는 것이 아니라 이윤에 따라 짓고 허물 수 있다는 생각에서다. 새로운 건물이 더 높은 수익을 낼 수 있다면 건물 수명은 20년에서 30년 정도면 충분하다. 미적인 요소는 분명 기능적인 요소에 밀리게 된다. 어디에 연계되어서건 독립적인 위치에서건, 건물이 역사적 중요성과 한국의 독자성을 지니지 않았다면 감정적 측면은 완전히 배제된다.

근대화가 진행되면서 경제 강대국의 1부 리그에 내던져졌다고 느끼게 된 한국인은 한국 건축을 폭넓게 이해하기 시작했다.

과거의 도시 재개발은 도로 교통량이 늘어나는 자동차 친화 도시를 의미했다. 한양이라는 옛 조선의 도읍 구조를 그대로 따른 서울에서 도시의 폭발적인 확장은 일어나지 않았다. 세 개의 터널이 도시 중앙에 선 남산을 관통해버렸고 강은 가둬버렸으며 도로는 그 위를 지나가게 되었다. 새천년이 시작되던 때, 많은 곳에서 도로 교통을 위한 개발이 아닌 보행자를 위한 도시 개발이 이루어졌다. 지하, 고가 도로, 지상에 보행로를 늘리는 방향으로 개발이 진행되었다. 일반적인 20층 규모의 주거 단지는 시간이 흐르면서 그 형태가 변해왔다. 단단한 막대기 형태에서 오늘날 가느다란 타워 형태로 변모했다. 한국전쟁 이후 지어진 다른 주택들에 비해 편의성과 크기 측면에서 더 뛰어난 고층 주택을 사람들은 여전히 더 선호하며, 한국의 중산층에서 그런 경향이 더 뚜렷하게 나타난다. 고층 주택에 둘러싸인 환경이 답답하다면 도심 안 타운 하우스 혹은 단독 주택을 지을 수 있는 주택 용지 쪽으로 눈길을 돌릴 수도 있다. 차가 다니기에 너무 좁은 골목, 1층짜리 작은 규모의 집이 모여 있는 동네의 많은 주민이 재개발을 위해 자신들이 살던 곳을 내어주고 있다. 상업적인 이익을 더 중요하게 여긴다는 사실을 보여주는 사례이다. 벽으로 둘러싸인 마당이 딸린, 아름다운 곡선의 한국 전통 가옥인 한옥만이 부흥기를 맞이했다.

서문의 마지막 부분은 북촌이다. 내게 서문 마지막은 분명하게 정해져 있었다. 지금 한국에서 진행되는 이 모든 발전에도, 아니 그 탓에 사람들은 이제 존재하지 않는 이상을 좇으려 애쓴다. 그 이상은 마치 손안에 가둘 수 없는 환상과도 같다. 독일의 노이슈반스타인 성이 그렇듯 사람의 마음을 적시는 무언가가 있는 한국의 북촌에 방문객은 낭만을 느낀다. 북촌은 지역 전체가 어떻게 사람들을 끌어들이는지를 보여주는 좋은 예라고 할 수 있다. 한옥만을 모아놓은 지역인 북촌에는 지나간 시대의 정취를 느끼고 싶은 관광객의 발길을 잡아끌 찻집, 식당, 갤러리가 모여 있다. 전통 축제 때 중세 시대 성을 방문한 유럽인처럼 북촌 방문객은 북촌 특유의 분위기를 만끽한다. 이렇듯 한국 독자는 북촌이 상징하는 의미를 알 수 있을 것이다.

게르하르트 라이펜라트 Gerhard Reifenrath

1968년 독일 괴팅겐 출생. 올덴부르크의 카를폰오시에츠키대학교에서 사회학과 지리학을 전공했다. 2002년 한국으로 오기 전까지 독일 베를린과 네덜란드 헤이그에 거주했으며 현재 서울프랑스학교에서 근무하고 있다.

'서울다운' 건축 바로 보기

이주연

이 책『서울 속 건축』은 서구 '이방인'의 시선으로 바라본 서울의 도시 질서와 가로, 골목 풍경에서 발견한 다채롭고 특징적인 건축물들을 기록해 담았다. 더 편하게 말하자면 서울을 산책하면서 발견하고 관찰할 수 있는 도시의 풍경과 건축 문화 안내서인 셈이다. 그래서 책의 구성도, 이 책에서 다룬 다채로운 콘텐츠도 명료하고 간결한 형식을 취해 독자에게 도시와 건축 문화를 쉽게 전달해준다.

그럼에도 독자들은 이 책이 '서울 속 현대 건축'이라고 해야 어울린다고 생각할지 모르겠다. 그도 그럴 것이 이 책에 소개되는 거의 모든 건축물이 개화기 이후 일제강점기를 거쳐 현대에 이르는, 근현대사와 함께한 건축의 다양한 전개 과정을 영역별로 체계를 정해 보여주기 때문이다. 600년이 넘는 나이테를 지닌 서울 건축에서 옛 궁궐, 한옥마을, 선조의 고택 등 우리 시대와 함께해온 전통의 진수 또는 고전의 진수가 목록에서 빠져 있다. 이야말로 역사적 자산이며 문화적 정체성을 그대로 담은 매력적인 지점이요,

서울의 저력인데도 말이다. 그래서 이 책을 접하는 독자는 이런 점이 아쉽고, 지은이가 이를 놓쳐 서울을 제대로 읽지 못했다고 볼 수도 있다. 그러나 이 책의 콘텐츠를 자세히 들여다보면 오랜 시간의 나이테를 안고 있는 '우리 시대' 서울의 참 모습에 대한 저자의 애정 어린 시각을 발견하게 된다. 그런 단서는 15년 가까이 서울에 머물며 사회학·지리학을 전공한 독일인 게르하르트 라이펜라트가 이 책의 권두언 격으로 기고한 에세이에도 담겨 있다. 이 책의 지은이와 같은 맥락으로 서울을 바라본 그는 경제 강국 대열의 "1부 리그"에 진입하려고 애쓰는 한국이 겪어온 근현대사의 질곡을 토대로 수도 서울의 건축과 도시를 들여다본다. 그는 "남산에 세 개의 터널을 뚫은 것" "물길을 가두고 차량을 위한 도로로 만든 것"에 주목하면서 그 같은 시기에 파괴되고 지워졌을 많은 역사 자산의 의미를 떠올린다. '동북아시아의 허브, 서울'이란 글의 제목에서도 짐작할 수 있듯 오랜 시간의 켜가 그려내는 터 무늬를 지닌 서울의 민낯을 예리하게 진단한다. 물론 이 같은

진단은 우리 자신도 인지하는 '역사도시' 서울의 사회적 지속 가능성에 관한 고민의 일단이기도 하다.

서울을 진단하는 글이나 다양한 건축물 소개의 행간에서 읽히는 지은이의 '서울 생각'은 드러나 보이는 서울의 민낯만큼 확실한 인식을 바탕으로 한다. 또 그런 시각으로 서울의 '일상적 건축'이 보여주는 단상을 사진과 글로 담아냈다. 우리에게 근대화 이후 우리네 사회 질서, 특히 수도 서울의 성장과 변화 속에서 겪어야 했던, 자본과 물질의 우위에 밀린 역사 문화 자산에 관한 새로운 의식의 단초를 제공한다. 도시의 거대 구조와 경제력 우선을 내세운 동북아시아의 허브가 아니라 역사 문화 자산의 매력과 저력이 살아 있는 '서울다움'의 참모습을 조심스럽게 주문하고 기대하는 것처럼 보인다. 그래서 더욱 지은이의 애정 어린 시선이 묻어나는 콘텐츠 속 '행간'의 의미는 서울이 지녀온 도시 성장의 나이테에 그려진 서울다움의 터무니가 도시 역사 문화의 소중한 자산으로서 수도 서울의 경쟁력을 이루는 바탕이 되어야 함을 발견하게 한다. 아울러 그런 감성이 지은이가 관심을 가져왔던 '친화적 건축'의 의미와 맥을 같이 하고 있음을 확인하게 된다. 친화적 건축은 일상을 살아가는 시민이 그들의 생활 환경인 건축 공간을 친하고 편하게 지속해서 만날 수 있도록 하는 건축의 사회적 덕목을 말한다. 지은이가 서울의 구석구석을 누비며 "도시의 풍성한 문화적·건축적 매력, 다양성, 용기를 발견하게 된다."며 그것을 발견하려면 거대하고 유명하고 화려한 것에 주목하기보다 장소의 기억과 흔적이 드러나는 "작은 부티크와 갤러리가 모여 있는 좁은 골목으로 들어가 보길" 바라는 주문 역시 그 맥락과 다르지 않다.

이 책을 접하기 전까지 나는 지은이가 누군지도 몰랐다. 지금도 그를 잘 모른다. 그런데 편집진으로부터 지은이가 내게 한국어판 발문을 청했다는 말을 듣고 참 뜻밖이다 싶었다. 아마도 지은이를 잘 아는 한국의 어느 건축가가 소개한 것이 아닐까 짐작해본다. 그 건축가 덕에 이 책의 한국어판과 인연을 맺고 어찌어찌하다 보니 이 책 편집진에게 거의 직업병에 가까운 훈수를 두게 되었다. 또 원전이 나온 지 몇 년 된 터라 한국어판에는 최근에 지어진 건축물 몇 곳을 더 보탰다는 이야기를 뒤늦게 접한 뒤로는 몇 마디 거들기도 했다. 이런 참견이 원전의 가치나 의미를 왜곡시키거나 한국어판 발간의 취지를 퇴색시키지 않기를 바랄 따름이다.

이 책을 접하는 독자에게는 단순 명료하게 소개되는 서울의 다양한 건축이 지닌 민낯과 그 안에 담긴 속살을 함께 만나볼 수 있기를 감히 권하고자 한다.

이주연 Lee Joo-yeon

강관(steel pipe) 탄소량 0.15-0.28퍼센트의 연강으로 만들어진 원관.

계선 시스템(mooring system) 선박 등이 조류에 떠다니지 않도록 특정 위치에 일시적 또는 영구적으로 고정하는 시스템.

고딕리바이벌(Gothic Revival) 고딕 양식을 모방한 빅토리아 시대 건축 양식.

네오로마네스크 양식(Neo-Romanesque) 신로마네스크 양식. 로마네스크 양식은 10세기 말엽 프랑스에서 일어나 12세기 중엽까지 서유럽 각지에 영향을 미쳤던 건축 양식의 하나이다. 고대 고전 양식의 여러 요소를 부활시키고 동양적 풍취를 가미한 것이 특징으로 특히 사원 건축에서 자주 볼 수 있다. 로마네스크란 로마네스크 건축이 로마건축에서 파생한 것이라는 뜻에서 비롯되었다.

네오르네상스 양식(Neo-Renaissance) 신르네상스 양식. 르네상스리바이벌(Renaissance Revival)이라고도 부른다. 19세기 유럽, 특히 19세기 후반 영국과 미국에서 부흥한 15세기 르네상스 건축 양식이다. 르네상스 양식은 1420년대 이탈리아 피렌체에서 시작해 17세기 초까지 계속된 건축 양식으로, 인체 비례와 음악 조화를 우주의 기본 원리로 하며 로마 건축의 구성을 고전주의 건축으로 이론을 형성했다. 본질적인 의미에서는 15-16세기 이탈리아의 일부 도시에만 성립했다고 할 수 있지만, 프랑스, 영국, 독일 등 서유럽 국가의 건설 활동에도 영향을 주었다.

다이아그리드 패턴(diagrid pattern) 대각격자무늬. 격자나 비스듬히 교차하는 가로대에 의한 지지 구조물.

달천장(suspended ceiling) 구조체에서 띄워 달아 놓은 천장.

도리아 양식(Doric) 고대 그리스의 건축 양식. 도리스인이 창시했으며, 특히 기둥 머리 부분의 조형적 특성을 따라서 도리스식 오더라고도 한다. 고대 그리스의 세 건축 양식인 이오니아, 코린트, 도리아 중에서 가장 오래되었으며 간소하고 힘찬 인상이 특징이다. 우아한 이오니아 양식에 비해 그리스적 특징을 잘 나타내고 있다.

디오클레티아누스 욕장(Baths of Diocletian) 305-306년 고대 로마의 비미나레 언덕에 건설된 디오클레티아누스 황제의 욕장.

루버(louver) 개구부 앞면에 목재나 금속, 플라스틱 등의 얇고 긴 평판을 일정한 간격을 두고 평행하게 설치한 것. 채광, 통풍, 환기 등을 목적으로 한다.

리본원도(ribbon windows) 건물 벽면을 띠 모양으로 가로지르는 긴 수평창.

리브(rib) 구부러지기 쉬운 판을 보강하기 위해 덧댄 뼈대. 중세 건축의 특징으로 후기엔 장식용으로도 쓰였다.

멀리온(mullion) 창틀 또는 문틀로 둘러싸인 공간을 다시 세로로 세분하는 중간 문설주.

바로크 양식(Baroque) 르네상스 양식 말기 이탈리아에서 시작한 건축 양식. 르네상스를 새로운 이상에 의거해 발전시킨 것으로, 수법이 자유롭고 대담하며 극적인 효과를 강조한다.

바실리카(basilica) 평면 내부를 2-4줄의 기둥으로 갈라 중앙과 양측으로 나뉘는 건물.

버트레스(buttress) 벽체를 지지하기 위해 외부로 돌출되어 나온 짧은 벽체.

베이윈도(bay window) 벽면보다 밖으로 튀어나오게 만든 창문.

벨트트러스(belt truss) 외부 기둥을 서로 연결하는 1-2개 층 높이의 트러스 형태를 지닌 수평 부재.

브레이싱(bracing) 수평 하중에 저항하기 위해 설치하는 트러스.

브루탈리즘(Brutalism) 1950년대 영국에서 형성된 건축의 한 경향. 거칠고 투박한 느낌이 강하다. 기능주의 원리로 복귀한다는 의미에서 콘크리트나 철근 등을 그대로 노출하는 등 가공하지 않은 재료와 설비, 그리고 비형식주의를 특징으로 한다.

브리즈솔레이유(brise-soleil) 햇볕을 가리기 위해 건물의 창에 댄 차양.

비잔틴 양식(Byzantine) 6세기 이후 동로마 제국에서 사용한 그리스 정교의 건축 양식. 서방의 초기 기독교 건축에서는 보지 못했던 다양하고 새로운 교회 공간과 구조 공법을 창출해냈다.

선셰이드(sunshade) 차양.

선큰가든(sunken garden) 주위보다 낮은 높이에 만든 정원.

스큐드코드트러스(skewed chord truss) 상부의 부재와 하부의 부재가 45도 각도를 이루는 트러스. 다케나카트러스(takenaka truss)라고도 부른다. 이 구조를 이용하면 평면의 형상은 명확한 사각형이 된다.

스킵플로어(skip floor) 같은 층에서도 바닥의 높이를 다르게 꾸미는 바닥 구성법.

스팬드럴(spandrel) 천장 내부가 건물 외피와 만나는 부분을 가려주는 판.

슬립폼공법(slip form method) 거푸집을 사용하지 않고 콘크리트 포설, 다짐, 마무리 등 모든 공정을 기계적으로 연속적으로 시공하는 공법. 활동식 거푸집공법이라고도 한다.

신고전주의 양식(Neo-Classicism) 18세기 후반에서 19세기 중반에 걸쳐 서구 전체를 풍미한 양식. 바로크 양식이나 로코코 양식의 과도한 장식에 반발하고 고전과 고대의 재평가를 기조로 하며 장엄함과 엄격함, 숭고한 아름다움을 추구했다.

신랑(nave) 정면, 현관 복도에서 내진에 이르는 중앙의 긴 부분. 라틴어 '나비스(navis)'에서 유래한 건축 용어로 성당이나 교회 등의 건축물에 자주 사용하며 주로 신도가 모이는 장소이다.

신팔라디오 양식(Neo-Palladian) 18세기에 영국에서 유행한 건축 양식. 이탈리아 건축가 안드레아 팔라디오(Andrea Palladio, 1508-1580)의 작품과 저서를 통해서 제시된 건축 양식으로, 고대 로마 건축의 간소한 아름다움이나 장식 세부보다도 전체의 구성을 중시하는 사고 방식을 건축 설계의 기본 방침으로 한다.

쐐기형 매스(wedge-shaped mass) 건축물의 쐐기 모양 부분.

아웃트리거트러스(outrigger truss) 초고층 건물에서 횡력에 효율적으로 저항하기 위해 내부 코어와 외부 기둥을 연결하는 트러스 구조.

아케이드(arcade) 이어진 아치로 둘러싸인 통로. 로마 시대에는 규모가 큰 것이 많았으며, 콜로세움이나 폼페이의 유적, 중세의 교회 건축이나 사원의 회랑 등에서도 자주 볼 수 있다. 현재는 아치와 관계없이 상가 등의 보도 위에 날씨에 구애되지 않고 쇼핑할 수 있도록 차양·비막이를 위해 아치 모양으로 설치되는 복도형 시설을 일컫는다.

아트리움(atrium) 고대 로마의 주택 건축에 보이는 층고가 높은 실내 홀. 일반적으로 아케이드 또는 콜로네이드(colonnade)를 둘러싸고 안뜰 중앙에는 샘을 둔다.

앱스(apse) 제단 뒤에 마련한 반원형 혹은 다각형 평면의 내부 공간.

엔타시스(entasis) 기둥 중간의 불룩 나온 부분. 한국 전통 건축의 '배흘림 기둥' 개념과 비슷하다.

열주(colonnade) 지붕 아래 대들보를 받치며 일정한 간격으로 세워진 다수의 기둥.

유글라스(U-profiled glass, U-Glass) 불투명하게 가공한 특수 유리.

이페(ipé) 강도가 높고 견고하며 병충해와 습기에 강한 남미산 천연 목재.

캐노피(canopy) 기둥으로 받치거나 매달아 위쪽을 가리는, 지붕처럼 돌출된 덮개.

캔틸레버(cantilever) 벽체에서 기둥의 지지 없이 튀어나와 있는 형태.

커튼월(curtain wall) 투명 유리 혹은 반사유리를 사용한 빌딩 외벽 마감.

코니스(cornice) 처마 돌림띠. 빗물이 벽면에 뿌려지지 않도록 돌출시킨 부분이다. 후대의 건축에서는 벽면 상단에 돌출된 단순한 띠도 코니스라 부른다.

코어부(core) 건물의 하중을 지탱하는 중심부로 계단, 엘리베이터, 화장실, 파이프 샤프트 등이 모여 있는 부분.

토스카나 양식(Tuscan) 고대 그리스의 건축 양식. 도리아 양식의 변형으로 기둥에 홈을 새기지 않고 주추가 있다. 장식이 없어 투박하게 느껴지는 것이 특징이다.

트래버틴(travertine) 치밀하고 단단한 줄무늬 모양으로 이루어진 석회암의 일종으로, 주로 장식용 석재로 쓴다. 이탈리아산이 유명하다.

트러스(truss) 교량이나 지붕처럼 넓은 공간에 걸치는 구조물의 형식. 직선 부재가 각각 삼각형 힌지로 접합되고 조합된 것이 일반적이다.

트리포리움(triforium) 서양 중세의 바실리카식 성당에서 그랜드 아케이드와 클리어스토리 사이의 신랑에 면해 설치된 아케이드. 아케이드와 통로가 없는 것, 칸막이벽에 환기창만 낸 것 등이 있다. 11세기 이후 나타나 고딕 성당에서 성행했다.

팀파눔(tympanum) 고전 건축의 출입구 상인방 위에 얹혀 아치로 둘러싸인 석조물.

파라메트릭(parametric) 컴퓨터 지원 설계(CAD) 시스템에 쓰이는 기법의 하나로, 여러 개의 독립적 변수를 사용한 공식에 의하여 정의되는 직선이나 곡선 또는 표면 등의 그래픽 데이터를 처리하는 것.

페이퍼허니콤코어(paper honeycomb core) 종이, 주로 크라프트지를 벌집 모양으로 구성해 만든 심재. 실내의 스크린이나 문짝용 샌드위치 패널의 심재로 쓰인다.

포르티코(portico) 현관 지붕. 건축물의 앞면이나 출입구 부분에 설치된 부분이나 건축물에서 돌출한 부분을 말한다.

프리스트레스(prestress) 초기 응력(初期應力). 재료 제작, 가공시 잠재 응력, 부재 및 구조물의 시공 오차나 치수 오차 등으로 생기는 응력, 프리스트레스 콘크리트의 사전에 가하는 응력 등을 총칭하는 토목 용어.

프리캐스트(precast) 공장에서 고정 시설을 가지고 콘크리트 블록이나 트러스 구조물 등을 미리 제조한 기성 제품.

프리플렉스 보(preflex beam) 철골의 하부관 접속부에 철근콘크리트를 합성하고 압축 프리스트레스를 도입한 것으로 철골 자재와 고강도 콘크리트 자재를 합리적으로 조합한 보.

플렉시글라스(plexiglas) 독일과 미국에 소재한 롬앤드하스컴퍼니(Rohm and Hans Co.)제 폴리메타크릴산메틸 수지의 상품명. 현재는 유리처럼 투명한 합성수지를 통칭하며 비행기의 창, 액세서리 등 다양한 용도로 사용한다.

필로티(piloti) 르 코르뷔지에가 제창한 건축 양식. 건물을 지면보다 높이 받치는 기둥으로, 보통 2층 이상 건물의 1층 전체 혹은 부분을 벽으로 막지 않고 기둥만 세워 외부에 노출시킨 공간을 가리킨다.

하이브(hive) 창의성을 도모하는 다목적 공간.

CNC 공작기계(Computerized Numerically Controlled Machine Tool) 소형 컴퓨터를 내장한 NC공작기계. 가공형상·가공조건·가공동작 등의 데이터를 컴퓨터에 의해 자동 프로그래밍을 하여 NC데이터로 변환시키고 펄스 신호화 된 상태로 보유하고 필요에 따라서 공작기계를 가동한다.

FRP(Fiber Reinforced Plastics) 유리나 카본 섬유를 강화재로 한 플라스틱계 복합 재료. 내식성(耐蝕性), 성형성(成型性)이 뛰어나고 가벼우며 강도가 높아 새로운 구조 재료 및 기능재료로 주목받고 있다.

참고 문헌

동방디자인교재개발원, 『인테리어 용어사전』, 동방디자인, 2006

월간미술, 『세계미술용어사전』, 월간미술, 1999

한국사전연구사 편집부, 『미술대사전』, 한국사전연구사, 1998

현대건축관련용어편찬위원회, 『건축용어사전』, 성안당, 2009

중구

JUNG-GU

대한성공회
서울주교좌성당

Seoul Anglican Cathedral

아서 딕슨 | 1926

김원 | 1996(증축)

중구 세종대로21길 15(정동)

대한성공회 서울주교좌성당은 대한성공회 1
대 주교인 코프(C. J. Corfe, 고요한)가 설
립했다. 덕수궁 옆에 세워진 성당은 네오로
마네스크 양식(Neo-Romanesque)을 따
르고 있으며 아치형 지붕이 눈에 띄는 화강
석과 벽돌로 외벽을 마감한 건물이다. 영국
인 아서 딕슨(Arthur Dixon)이 설계를 맡
았고 3대 주교인 마크 트롤로프(Mark Trol-
lope, 조마가)의 지휘 아래 성당이 건설되었
다. 아서 딕슨의 원래 계획에 따르면 성당은
라틴 십자가 형태로 건설되어야 했지만 재
정적 어려움으로 평면이 축소되어 일직선 형
태로 세워졌다. 이후 1991년 대한성공회 창
립 100주년을 기념하며 성당 증축을 시작했
다. 1993년 성당을 방문했던 한 영국인 관
광객이 성당의 역사를 듣고는 영국으로 돌
아가 자신이 일했던 박물관에서 보관하고 있
던 성당의 초창기 설계 도면을 찾아냈다. 이

후 그 영국인은 도면을 가지고 서울로 돌아
와 성당이 원래 설계안의 모습을 찾을 수 있
도록 도왔고 1996년 성당은 드디어 현재의
모습으로 완공될 수 있었다. 목재로 장식한
성당 안에는 측면이 볼록한 기둥들이 세워져
있고 아시아 최대의 모자이크화가 그려져 있
다. 지하는 나선형 계단을 통해 내려갈 수 있
다. 증축 전부터 사용하던 신랑(nave)은 지
금도 사용 중이다. 동쪽 반원형 소예배당은
성직자들을 위한 공간으로 쓰인다. 종탑은
이탈리아 로마네스크 특징을 보여주지만 붉
은 벽돌을 섞어서 마감한 벽은 독일 로마네
스크 건축을 연상시킨다.

옛 러시아공사관
Former Russian Legation

아파나시 이바노비치 세레딘사바틴 | 1890

중구 정동길 21-18 정동공원(정동)

네오르네상스 양식(Neo-Renaissance)을
따르는 건축물로 우크라이나 출신의 러시아
건축가 아파나시 이바노비치 세레딘사바틴
(Afanasii Ivanovich Seredin-Sabatin)이
설계했고 1890년에 완공되었다. 이 건축물

은 한국 역사 속에서 중요한 위치를 차지하고 있는데, 특히 조선 시대 일본의 탄압을 보여준 을미사변과 관계가 깊다. 일본을 비롯한 중국, 러시아 등 여러 외세가 조선으로 몰려들어 힘겨루기하던 당시 명성황후는 조선에서 중요한 인물로 떠오르고 있었다. 일본 공사 미우라 고로는 명성황후를 일본에 위협적인 존재로 판단해 암살을 명령했다. 명성황후 시해 사건인 을미사변을 전해 들은 고종과 왕세자는 러시아 공사관으로 1년간 피신해 있었다. 1945년 광복 후부터 소련영사관으로 사용했지만 한국전쟁 때 건물 대부분이 소실되면서 탑과 지하부만 남게 되었다. 1973년 건물은 현재처럼 복원되어 정동공원 안에 서 있으며 현재 문화재로 지정됐다. 탑에서는 인근 덕수궁에서 열리는 행사를 구경할 수도 있었다.

서울시청 을지로별관
Seoul City Hall Annex

미쓰이물산 | 1938
중구 을지로 23(을지로1가)

일제강점기였던 1938년 조선에 진출한 일본 기업 미쓰이물산(三井物産株式会社)이 경성 지점으로 사용한 건물이다. 원래는 7층 규모의 건물로 지을 예정이었지만 원안대로 건설되지는 못했다. 콘크리트 골조 건물에 화강석으로 외부를 마감했다. 1948년 한미 정부 간 '재정 및 재산에 관한 최초 협정'에 따라 미국으로 건물 소유권이 넘어가면서 미국문화원으로 사용했고, 1985년에는 학생들이 이 건물을 점거하고 민주화 운동을 벌이기도 했다. 현재는 서울시청 별관으로 사용하고 있다.

한국은행 화폐박물관
Bank of Korea Museum

다쓰노 긴고 | 1912

중구 남대문로 39(남대문로3가)

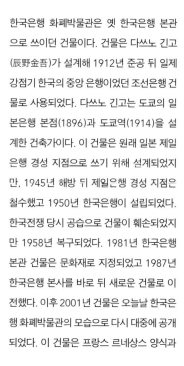

한국은행 화폐박물관은 옛 한국은행 본관으로 쓰이던 건물이다. 건물은 다쓰노 긴고(辰野金吾)가 설계해 1912년 준공 뒤 일제강점기 한국의 중앙 은행이었던 조선은행 건물로 사용되었다. 다쓰노 긴고는 도쿄의 일본은행 본점(1896)과 도쿄역(1914)을 설계한 건축가이다. 이 건물은 원래 일본 제일은행 경성 지점으로 쓰기 위해 설계되었지만, 1945년 해방 뒤 제일은행 경성 지점은 철수했고 1950년 한국은행이 설립되었다. 한국전쟁 당시 공습으로 건물이 훼손되었지만 1958년 복구되었다. 1981년 한국은행 본관 건물은 문화재로 지정되었고 1987년 한국은행 본사를 바로 뒤 새로운 건물로 이전했다. 이후 2001년 건물은 오늘날 한국은행 화폐박물관의 모습으로 다시 대중에 공개되었다. 이 건물은 프랑스 르네상스 양식과 바로크 양식에서 영감을 얻어 절충한 형태의 건축 양식을 보여주고 있다. 철근콘크리트조 건물로 외부는 한국산 화강석으로 마감했다. 건물 정면에서 돌출된 주 출입구를 토스카나 양식(Tuscan)의 기둥 네 개가 받치고 서 있으며 그 사이로 차량 진입로를 형성했다. 건물의 네 모서리 중 세 곳에 돔 형태의 타워가 서 있다. 외벽 하단부에는 돋을새김한 화강석 블록을 연속으로 둘러 수평의 문양을 만들고 상부는 정교하게 새겨진 팀파눔(tympanum)과 짙은 색의 코니스(cornice), 난간으로 장식했고 벽기둥은 문장을 새겨 꾸몄다. 중앙홀은 2층 높이의 큰 아트리움(atrium)으로 주변부는 고전 양식 기둥으로 둘렀다. 건물 평면은 한자 우물 정(井)과 닮아 있다.

서울시립미술관

Seoul Museum of Art, SeMA

이와이 조자부로, 사사 게이치 | 1928

삼우종합건축사사무소 | 2002(리모델링)

중구 덕수궁길 61(서소문동)

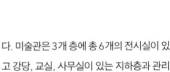

일제강점기 이와이 조자부로(岩井長三郎)와 사사 게이치(笹慶一)가 설계한 건물로 네오로마네스크 양식의 현관 지붕인 포르티코(portico)를 갖춘 르네상스 건축물이다. 미술관 외관은 갈색 벽돌 마감이 화강암 마감과 대비되어 강조된다. 1886년 이곳에 처음으로 관립 근대식 학교 육영공원(育英公院)이 세워졌다가 곧 해체되어 1895년 최초의 근대식 재판소인 평리원(平理院)이 다시 건립되었다. 1928년 일본은 평리원을 허물고 이 자리에 다시 경성재판소를 세웠다. 1945년 광복 이후에는 이곳을 대법원으로 사용했으며 1995년 대법원이 이전한 뒤 2002년부터 현재까지 서울시립미술관으로 운영되고 있다. 현재 미술관 건물은 옛 대법원 건물과 그 뒤로 새롭게 세워진 현대 건물이 함께 있다. 미술관은 3개 층에 총 6개의 전시실이 있고 강당, 교실, 사무실이 있는 지하층과 관리동으로 이루어져 있다. 현재는 구 대법원 건물 전면부만 보존되어 있으며 2006년 서울시립박물관은 등록문화재로 지정되었다. 건물 안은 건물만큼 높은 로비를 계단이 상하좌우로 훑고 지나가며, 새로 설치한 유리 천장은 자연광을 실내로 끌어들인다. 원래 건물 평면은 2개의 아트리움과 중앙 계단을 중심으로 양쪽에 사무실과 재판장이 있는 구조였다. 건물 옆에 새롭게 들어선 건물도 그 건물만의 고유한 정체성을 가지고 있다. 전시실과 관리동을 잇는 통로는 투명한 재료로 마감했다.

주교좌명동대성당
Myeong-dong Catholic Cathedral of the Seoul Archdiocese

외젠 장 조르주 코스트, 빅토르 루이 푸아넬 | 1898
중구 명동길 74(명동2가)

명동성당은 서울에서 가장 유명한 로마 가톨릭 교회이자 한국 가톨릭교의 상징과도 같은 곳이다. 명동성당은 서울대교구 주교좌성당이며 명동을 비롯한 인근 지역에서 랜드마크 역할을 하고 있다. 중국 기능공이 건설한 명동성당은 한국의 고딕 복고 양식 건축 초기 작품으로, 정면부를 포함한 성당 전체는 스무 가지의 국내산 적색, 회색 벽돌로 마감했다. 주요 건물은 23미터 높이로 세워졌고 뾰족하게 솟아 있는 시계탑은 높이가 그보다 두 배 높다. 1898년 완공 당시 명동성당은 서울에서 가장 큰 건축물이었고 1977년 문화재로 지정되었다. 성당이 건설되던 당시 기독교는 이미 프랑스 선교사들을 통해 한국에 점차 뿌리내리고 있던 중이었다. 파리 소재 외국인 선교단에게 재정적 지원을 받은 한국의 프랑스 주교는 성당을 건설할 대지를 구했다. 1892년 공사 착수를 기념하는 초석을 올려놓는 의식인 정초식에 고종황제가 참석하기도 했다. 명동성당은 처음에 '종현성당'으로 불리다가 '주교좌명동대성당(Myeong-dong Catholic Cathedral of the Seoul Archdiocese)'으로 이름이 바뀌었다. 완공을 2년 앞두고 건축가 외젠 장 조르주 코스트(Eugene Jean Georges Coste, 고의선) 신부가 선종하면서 빅토르 루이 푸아넬(Victor Louis Poisnel, 박도행) 신부가 공사를 마무리 지었다. 명동성당은 3개의 복도가 있는 라틴 십자가 형태의 평면을 이루고 있다. 주 출입구에 있는 청동 양개문에는 초기 한국 가톨릭교의 역사가 묘사되어 있다. 높은 천장은 리브(rib)로 보강해 만든 반원형 천장이다. 앱스(apse)에는 예수 그리스도의 열두 제자 초상화가 그려져 있다. 1970년대와 1980년대 천주교 성직자들이 군정에 반대하면서 성당은 군정 반대 시위의 중심지가 되기도 했다. 스테인드글라스는 1982년에 복원되었다. 명동성당은 벽을 지지하는 버트레스(buttress)가 있는 주 출입구 위로 단일 첨탑이 올라와 있는 건축물이다. 성당 외부에는 끝이 뾰족한 아치형 창문이 배열되어 있고 중앙 복도 상부 첫 번째 층에는 아치가 이어지는 아케이드(arcade), 2번째 층에는 트리포리움(triforium)이 있다.

덕수궁 석조전

Deoksugung Seokjojeon

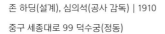

존 하딩(설계), 심의석(공사 감독) | 1910

중구 세종대로 99 덕수궁(정동)

덕수궁 석조전은 서양식 궁전 형태의 건축물로 남북방향 일직선으로 건설되었다. 당시 정부 재정고문이었던 존 맥리비 브라운(John McLeavy Brown) 경이 공사를 추진했으며 영국인 존 하딩(John R. Harding)이 설계를 맡았다. 석조전은 원래 경희궁 안에 건설될 예정이었지만 영국 공사관 바로 옆이라는 이유로 브라운 경이 덕수궁 안 건설을 주장했다. 건설 자재와 장비 대부분을 영국에서 수입했다. 전체적으로 신고전주의 양식(Neo-Classicism)을 따르며, 황제가 기거하는 3층 규모의 궁에는 이오니아 양식 기둥이 세워졌고 로코코 양식으로 실내를 장식했다. 중앙 홀을 중심으로 양옆으로 건물이 길게 늘어선 형태이다. 1층은 주로 시종이 오가는 공간이었고 2층에는 접견실과 홀이 있었으며 황제는 3층에서 생활했다. 하지만 건물이 완공되기 전 1907년 일본의 외압으로 고종황제가 퇴위하고 고종의 아들 선종 역시 재위 뒤 창덕궁으로 거취를 옮기면서 재위 중인 황제가 석조전에서 기거한 적은 단 한 번도 없었다. 결국 석조전은 덕수궁에 남은 고종이 1919년 서거하기 전까지 말년을 보낸 궁이 되었다. 이후 일본은 석조전을 미술관으로 사용했다. 한국전쟁 이후에는 1986년까지 국립중앙박물관으로 사용되다가 지금은 조선 왕실의 유물을 전시하는 박물관으로 쓰이고 있다.

신세계백화점

Shinsegae Department Store

하야시 고헤이 | 1930

중구 소공로 63(충무로1가)

서울에서 처음으로 문을 연 백화점은 1930년 건설된 미쓰코시백화점 경성 지점으로, 일본 건축가 하야시 고헤이(林幸平)기 설계를 맡았다. 둥근 모서리 부위에 주 출입구를 배치했으며 3층에는 발코니를 두어 외관을 장식했다. 옥상에는 정원이 조성되어 있다. 이 건물은 1950년부터 1953년까지 이어진 한국전쟁에서 살아남은 몇 안 되는 일제강점기 건축물로 한국전쟁 동안 미군의 매점 건물로 사용되기도 했다. 1945년 삼성그룹은 이 건물을 인수해 '동화백화점'으로 이름을 바꿨다. 1963년 백화점은 현재의 이름

인 '신세계백화점'으로 다시 바꾼 뒤 한국 전역에 많은 지점을 내고 있다. 1971년 5층이 증축되었고 2007년 리모델링을 진행해 에스컬레이터가 추가로 설치되었다. 일제강점기, 이 백화점 건물은 서울역과 더불어 유일하게 일반 한국인이 출입할 수 있던 서양식 건물 두 곳 중 한 곳이었다. '신세계'는 문자그대로 '새로운 세상'이라는 뜻이다. 신세계백화점은 한국에서 오랜 역사와 큰 규모를 자랑하는 소매업체이며, 오늘날 한국에서 롯데백화점·현대백화점과 함께 가장 큰 백화점 세 곳 중 하나이다.

옛 서울시청사
Former Seoul City Hall

쓰카모토 야스시 | 1926
중구 세종대로 110 (태평로1가)

기념비적 건축물인 옛 서울시청사는 일제 조선총독부에서 설계를 의뢰해 1912년 한국은행 본관과 1914년 도쿄역을 설계한 다쓰노 긴고의 제자이자 당시 도쿄제국대학 교수였던 쓰카모토 야스시(塚本靖)가 설계를 맡아 건설되었다. 평면상 한자 뫼 산(山) 자를 닮은 옛 서울시청사 건물은 유명한 서울광장이 있는 남쪽을 바라보고 서 있다. 건물 정면은 전반적으로 화강석과 벽돌로 마감했고 하단은 거칠게 다듬은 석재로 장식했다. 1945

년 해방 이후 계속해서 서울시청사로 사용되었고 그 기간 동안 6차례 증축되었다. 현재는 등록문화재로 지정되어 있다. 새 서울시청사 건물이 완공되면서 지금은 10만 권이상의 도서를 소장한 서울도서관(Seoul Metropolitan Library)으로 탈바꿈했다.

새 서울시청사
New Seoul City Hall

유걸 | 2012

중구 세종대로 110(태평로1가)

각각 1962년과 1986년부터 서울시청으로 쓰이던 건물 2개를 2006년에 허물고 그 자리를 새 서울시청사에 내주었다. 지상 13층 규모의 새 청사는 일제강점기의 잔재로 남아 있는 옛 청사 뒤로 높게 들어섰다. 물결 모양 정면부에는 캔틸레버(cantilever)가 부분적으로 돌출하고 옛 청사와 연결되는 고가 통로를 형성해 옛 청사에서 새 청사로 들어가는 입구를 만들었다. 새 청사와 옛 청사는 도심 유일한 시민 광장이자 서울의 중심인 서울광장을 향한다. 설계는 아이아크건축설계사무소의 건축가 유걸이 맡았다. 새 청사 안 아트리움에는 표면에 식물을 심은 테라스를 다양한 높이로 설치해 외부 서울광장의 수직적 확장을 꾀했다. 사무실은 건물 뒤편에 배치하고 다목적 공간이나 문화 시설은 건물 상부층에 두었다. 외관상 지붕과 벽의 경계는 불분명하다. 곡선 형태로 구부러진 커튼월(curtain wall)은 공기 순환 기능을 높이도록 설계되었고 깊게 돌출된 지붕은 커튼월 외벽에 그림자를 드리우도록 했다. 서울시는 수직으로 높게 뚫린 아트리움 공간을 시민에게 개방하면서 상징적으로 서울시가 시민에게 열려 있다는 인상을 준다. 새 청사는 지열 냉난방 시스템과 태양열 집열을 통한 바닥 복사 냉난방 시스템을 갖췄다. 또한 태양광 집광판으로 지붕을 덮어 시간당 200킬로와트의 전기를 생산하고 빗물은 냉방시스템에 활용한다.

옛 서울역사
Former Seoul Railway Station

쓰카모토 야스시 | 1925
중구 통일로 1 서울역 본옥(봉래동2가)

1899년 노량진과 인천 사이 경인선이 개통되면서 한국철도 역사가 시작되었다. 1900년 한강철교가 완공되면서 서울과 인천이 연결되었고 서대문에 서울에서 첫 번째 역이 건설되었다. 1904년 서울과 부산 사이 경부선이 개통되어 새로운 중앙 터미널이 남대문에 세워졌다. 당시 철도 사업이 빠르게 진행되면서 더 큰 기차역이 필요하게 되었고 1922년에 경성역, 즉 서울역 건설 공사가 시작되어 1925년 완공되었다. 서울역은 신팔라디오 양식(Neo-Palladian)을 따르는 건축물이다. 쓰카모토 야스시가 설계를 맡았다. 서울역 적벽돌 마감 외벽은 암스테르담 중앙역과 닮은 도쿄역을 본떠서 만들었다. 역사 안은 화려하게 장식된 비잔틴 양식(Byzantine)의 돔이 눈에 띄며 아래층은 거친 면의 석재로 마감했다. 로마의 디오클레티아누스 욕장(Baths of Diocletian)에

서 이름을 따온 디오클레티아누스 창은 신팔라디오 양식에서 나타나는 일반적인 특징으로, 창 중간에 2개의 수직 멀리온(mullion)을 넣어 창을 세 부분으로 나눈 반원형 창이다. 역사 안 중앙홀은 사무실과 대합실이 건물 측면을 따라 배치되어 있는 바실리카(basilica)와 같은 공간으로 구성했다. 중앙홀의 바닥과 벽은 화강석과 석재, 귀빈실 내부 바닥은 자작나무로 마감했다. 일제는 현대화된 자신의 세련된 모습을 보여줄 의도로 역사 안 문 손잡이와 석재 계단에 이르기까지 곳곳을 호화스럽게 마감했다. 역사는 1920년대 기차여행의 설렘을 부른다. 2층 식당 천장에는 샹들리에가 달려 있고 벽에는 벽난로와 한국 최초의 라디에이터가 설치되었다. 옛 서울역사는 옆에 새로운 KTX 역사가 건설되면서 기차역으로서의 기능을 잃고, 옆길에 비켜서 역사적 건물로 보존되고 있다. '문화역서울 284' 프로젝트가 시작되면서 옛 서울역사는 '복합문화예술 공간'으로 탈바꿈했다.

명동예술극장
Myeongdong Theater

다마다 기쓰지 | 1934
삼우종합건축사사무소 | 2009 (리모델링)
중구 명동길 35 (명동1가)

이시바시 료스케(石橋良祐)의 의뢰로 다마다 기쓰지(玉田橘治)가 설계를 맡아 1934년 준공되었다. 극장이 지어질 당시 이곳은 '메이지좌(明治座)'로 불렸다. 아르데코 양식의 극장건물 네 모서리는 둥근 형태로 처리되어 부드러운 인상을 준다. 모서리에 배치된 출입구를 타원형 장식이 인상적인 원형 홀로 강조했다. 극장은 영화관과 공연장으로 사용되었고 해방 이후인 1946년에는 국제극장으로 이름이 바뀌었다가 이후에는 시공관으로 불리었다. 1956년 서울시에서 극장을 인수해 1961년부터 1973년까지 국립극장으로 사용했다. 1975년 오피스 타워를 건설할 목적으로 대한투자금융에서 매입했지만 극장 철거를 반대하는 대중의 움직임에 서울시는 극장을 재매입했다. 2003년 문화

스탠다드차타드은행 제일지점
Standard Chartered Bank

히라바야시 긴고 | 1935
중구 남대문로 42 (충무로1가)

현 스탠다드차타드은행 건물은 옛 조선저축은행 본점 건물로 쓰이다가 이후 1987년까지 제일은행 본점 건물이었다. 신고전주의 양식의 이 건물은 금융과 상업 중심지인 남대문로 한국은행 맞은편에 서 있다. 한국 최초로 현상공모를 통해 세운 건축물로 히라바야시 긴고(平林金吾)의 설계안을 채택했다. 불규칙한 거리 형태를 수용하면서도 건물 정면이 대칭을 이루며 사각형 대지 중앙에 세워졌다. 은행 정면부에 세워진 회색 화강석으로 마감한 거대한 기둥 4개가 눈에 띈다. 엔타시스(entasis)가 없는 기둥 주변부로 오목한 수직 홈이 새겨져 있고 평평하고 군더더기 없는 기둥머리가 특징인 도리아 양

서울시의회
Seoul Metropolitan Council Building

하기와라 고이치 | 1935
중구 세종대로 125 (태평로1가)

지금 서울시의회 건물로 사용하는 옛 경성부민관은 1935년 일제강점기 경성부가 부민을 위해 건설한 다목적 회관이다. 일본 건축가 하기와라 고이치(萩原孝一)가 설계를 맡았으며 당시의 경성전기회사에서 공사비 100만 원을 지원했다. 이 건물은 덕수궁 바로 맞은편에 세워져 경성이 일본 치하에 있다는 사실을 보여주는 상징적 역할을 했다. 비대칭의 건물은 육면체의 낮은 건물 부분과 높은 시계탑 부분으로 이루어져 있다. 건물 외벽은 옅은 황백색 회반죽으로 마감했다. 주요 공간인 강당에는 수직으로 길고 가느다란 창문이 늘어서 있다. 발레, 연극, 음악회 등 다양한 문화 공연이 이곳에서 열렸다. 이후 일제의 정치 선전 장소로 이용되기도 했으며 그 결과 1945년 7월 24일 대한애국청년단 단원들이 이곳에 폭탄을 터뜨려 아수라장을 만든 부민관 의거가 발생하기도

관광부에서 극장을 매입한 뒤 2009년에 다시 문을 열었다. 중간 규모의 명동예술극장 공연장은 최첨단 무대 장치를 갖춰 관객에게 훌륭한 무대 시야를 제공한다. 연기 콘테스트나 축제 장소로도 인기가 높다. 현재 수용 규모는 원래 규모의 3분의 1이 조금 넘는 수준인 558석이다. 1층에 339석, 2층에 116석, 3층에 103석이 있다.

식(Doric) 기둥이다. 내부 영업장 천장은 정교하게 새겨진 꽃모양 석고 부조로 장식되어 있다. 내부는 세 구역으로 나뉜다. 방문객을 맞이하는 전면 구역과 은행 직원이 업무를 보는 후면 두 구역이 있다. 건물은 1993년, 2008년, 2010년 총 세 번의 리모델링 공사를 거치면서 엘리베이터와 에스컬레이터, 지붕 상부의 태양 전지판이 추가로 설치되었다.

했다. 부민관 옆 잔디밭에 이 사건을 기념하기 위한 작은 기념비가 놓여 있다. 1948년 한국 정부는 부민관을 국립 극장으로 지정했고 1950년 다시 개관했다. 1953년에서 1975년까지는 국회의사당으로 사용하기도 했기에, 1960년 4월 이승만 대통령 당선을 반대하고 부정 선거 무효를 주장하는 학생 시위인 4·19혁명이 바로 이곳 부민관 앞에서 일어났다. 서울시의회 건물로 사용하기 위해 내부는 모습을 바꿨지만 외관은 그대로 남아 있다.

더플라자호텔
The Plaza Hotel

한화그룹 | 1976
귀도 치옴피 | 2010(리노베이션)
중구 소공로 119(태평로2가)

플라자호텔은 조선 시대 '지천사(支天寺)'가
있던 옛날 차이나타운 자리에 세워졌다. 수
백 년 동안 귀빈을 접대해온 장소로 1976년
한화그룹이 일본 기업 마루베니(丸紅株式会
社)와 합작해 이곳에 호텔을 세웠다. 서울시
청과 서울광장을 마주하며 서 있는데, 평면

상 호텔이 비스듬하게 서 있는 덕분에 서울
광장을 더 쉽게 감상할 수 있다. 호텔 별관은
스파와 피트니스센터, 그랜드볼룸을 갖췄
다. 호텔 외부는 원래 하얀 타일 마감이었지
만 갈색 알루미늄 패널로 교체되었다. 2010
년 이탈리아 유명 디자이너인 귀도 치옴피
(Guido Ciompi)가 디자인을 맡아 럭셔리
부티크 호텔로 재탄생하면서 이제 410개의
객실과 6개의 식당을 갖춘 5성급 호텔이 되
었다. 감각적인 색채 배합을 뽐내면서 건물
정면부에 기하학적 무늬 요소를 더해 경직된
격자무늬에서 벗어났다.

경동교회

Kyungdong Presbyterian Church

김수근 | 1981

중구 장충단로 204(장충동1가)

건축가 김수근의 1970년대 말 대표작이자 한국 현대 종교 건축의 좋은 본보기가 되는 건축물이다. 이 시기 김수근은 화해와 축제의 장이라는 이념을 바탕으로 작업했고 경동교회는 그의 걸작으로 손꼽힌다. 교회는 속세에서 신의 영역으로 오르는 듯한 이미지를 준다. 방문자는 건물 뒤편에서 교회로 들어설 때까지 교회 건물 외부를 타고 올라가

는 경사로와 계단을 지나 교회로 진입하게 된다. 창 없는 벽과 같은 수직 패널 여러 개가 모여 건축물을 이루고 있는데 그 형태가 마치 오라고 손짓하는 손이나 성(城)을 닮아 있다. 주 통행로 광장에서 길게 이어진 계단을 따라 올라가면 건물 뒤편 입구에 도착하게 된다. '묵상가의 길'로도 불리는 이 길은 걸어 올라가며 예배를 준비하는 공간이자 시끄러운 바깥세상과 평화로운 예배당 사이의 전이 공간이 되어준다. 교회 외벽은 울퉁불퉁한 적색 파벽돌로 마감했는데 이는 세계교회주의를 건축의 형태로 표현해 각각의 벽돌이 모여 하나의 매스를 만들어내듯 하나님 안에서 모두 하나가 된다는 메시지를 표

현한다. 주요 교회 건물은 기도하는 사람의 모습을 닮아 있기도 하다. 교회 내부의 삭막한 느낌을 주는 노출콘크리트 벽은 마치 초기 기독교 지하 묘지에 온 듯한 착각을 부른다. 과장된 기둥은 버트레스처럼 벽에서 돌출되어 있다. 천장에서 교차하는 보는 마치 갈비뼈처럼 보이기도 한다. 맨 꼭대기에 위치한 모임 공간은 공연장과 같은 열린 공간의 이미지를 주어 예배는 물론 축하 행사 및 문화 행사를 진행하기에도 적합한 공간이다. 한국 선두 건축 설계사무소인 공간그룹을 설립한 김수근은 한국 건축에 대한 대중의 관심을 불러일으키는 데 큰 공을 세웠다.

플라토미술관
Plateau Gallery

KPF | 1999

중구 세종대로 55(태평로2가)

플라토미술관은 삼성그룹에서 운영하는 사립 미술관으로 프랑스 조각가 오귀스트 로댕(Auguste Rodin)의 조각 작품을 비롯한 다양한 예술 작품을 전시하고 있다. 삼성생명빌딩 1층에 있는 이 미술관은 원래 '로댕갤러리'로 알려졌다가 2011년 지금의 이름으로 바뀌었다. 글라스 파빌리온에는 로댕의 '지옥의 문'과 '칼레의 시민'을 전시한다. 미술관에는 이외에도 현대 미술품을 전시하는 2개의 전시실과 비디오룸, 아래층의 기념품점이 있다. 미국 뉴욕의 건축설계사무소인 KPF(Kohn Pedersen Fox)가 설계를 맡았으며 글라스 파빌리온은 로댕의 작품 '대성당'에서 서로 다른 사람의 손이 기도하듯 만나는 부분에 생기는 공간에서 영감을 받아 설계되었다. 유리벽을 통해 햇빛이 고르게 내부로 새어들어 오며 경사진 유리면은 이중 유리로 마감했다. 바닥 마감재와 벤치는 프랑스산 석회석으로 만들었다. 반투명 유리 벽면 위로 일부 투명한 유리가 '창문'이 되어 주변 도로를 향해 나 있다. 천장은 실내로 들어오는 자연광을 분산시켜 인공조명과 조화를 이루게 한다. 밤이 되면 미술관 내부의 빛이 밖으로 새어나가 미술관은 그 자체로 전등이 된다.

SKT타워
SKT Tower

RAD, OMA아시아 | 2004
중구 을지로 65(을지로2가)

지상 33층 규모의 SKT타워는 네덜란드 건축가 렘 콜하스(Rem Koolhaas)의 설계사무소 OMA(Office for Metropolitan Architecture)의 홍콩 지사인 OMA 아시아(OMA Asia)와 그곳에서 독립한 건축가 아론 탄(Aaron Tan)이 이끄는 RAD(Research Architecture Design)에서 설계를 맡았다. 엇갈린 각도로 설치되어 물결치는 듯한 커튼월 마감의 건축물 외관이 인상적이다. 건물 상층부는 도로 쪽으로 기울어져 일정한 모양의 스카이라인에 어긋난 모양을 보여주고 있다. 마치 도시를 향해 인사하고 있는 듯한 건물의 형태 덕분에 겸손하다는 이미지를 주기도 한다. 건물주이자 사용자인 SKT는 한국의 대규모 통신회사 중 한 곳이다. RAD와 OMA아시아는 건물 안에서부터 설계를 진행했고 이로써 독특한 건물 외관이 완성되었다. 앞으로 기울어지기 시작하는 건물 상부에는 중역실을 배치하고 건물 중간부에는 사무실을 두었다. 아래 6개 층에 걸친 공공 공간은 새로운 제품을 광고하거나 기자회견 및 강연이 열리는 장소로 사용한다. 2가지 크기의 유리 모듈을 불규칙하게 설치한 커튼월이 인상적인데, 유리가 바깥을 향하도록 창문틀에 설치했다. 창문을 열면 건물 외관은 더욱 생동감을 얻는다. 창문틀이 나란히 설치되지 않아서 파란 유리 위에 불규칙한 패턴을 만들어낸다. LED조명을 이용해 건물 외벽에 메시지를 띄울 수도 있다.

시그니처타워
Signature Towers

정림건축종합건축사사무소 | 2011
중구 청계천로 100(수표동)

청계천을 따라 세워진 지상 17개 층 규모의 오피스 빌딩 2개 동으로 구성되어 있다. 커튼월로 마감한 건물이 2개의 타워로 나뉘며 중간에 게이트가 형성된다. 에너지 효율성이 뛰어난 건축물로 인정받기도 했다.

옛 서산부인과의원
Former Seo Gynecological Clinic

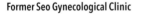

김중업 | 1967

중구 퇴계로 349(을지로7가)

퇴계로와 을지로가 만나는 교차로 삼각형 대지 위에는 지상 4층 규모의 옛 서산부인과의원 건물이 서 있다. 기능성보다 상징성을 강조한 이 건축물의 모습은 SF영화에나 나올 법하다. 건축가 김중업은 1952년부터 1955년까지 프랑스 건축가 르 코르뷔지에 (Le Corbusier)의 스튜디오에서 4년 동안 일했다. 서산부인과의원 건물에서 엿보이는 부드러운 곡선과 노출콘크리트 벽은 르 코르뷔지에의 작품에서 찾아볼 수 있는 조각과도 같은 창조적인 모습을 떠올리게 한다. 건물 요소들은 하나의 유기체가 되어 한데 흐르는 것처럼 보인다. 버섯 모양의 얇은 기둥이 세워진 남측면 발코니가 살바도르 달리의 초현실주의 작품을 연상케 한다. 북측면 발코니는 캔틸레버로 돌출시켰다. 남성의 성기와 여성의 자궁에서 형상을 따온 평면은 건물에 산부인과를 연상시키는 상징성을 가득 부여했지만 기능성까지 주지는 않았다. 건물주였던 서병준 원장은 가구와 의료기기를 딱 맞게 배치하기 어렵다는 불만을 토로하기도 했다. 서산부인과의원은 '형상과 공간이 뒤엉킨 복합의 장' '새 생명에게 보내는 시'로 알려져 있다.

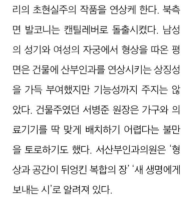

국립극장
National Theater of Korea

이희태 | 1973

중구 장충단로 59(장충동2가)

동아시아 최초의 국립 극장으로 국립 극단, 국립 창극단, 국립 무용단, 국립 국악관현악

단이 전속 단체로 속해 있다. 1973년 장충동 남산 기슭으로 이전했다. 국립극장 안에는 대극장인 해오름극장(1,563석)과 소극장인 달오름극장(512석), 별오름극장(74석), 원형 야외무대인 하늘극장(732석)이 있다. 건축가 이희태가 설계했고 이후 리모델링과 증축 작업을 진행했지만 기본 외관은 그대로 남았다. 극장은 한국 전통 건축의 기본 구조인 기초부, 중간부, 지붕으로 나뉘고 건물 외관은 노출콘크리트로 마감했다. 지붕을 떠받치는 돌기둥과 건물 1층으로 이어지는 계단에서 한국의 색채가 묻어난다.

OPUS11빌딩
Opus11 Building

이상수 | 1986

중구 을지로 50(을지로2가)

1986년 완공 당시 '서울투자금융빌딩'으로 알려졌으며 선진엔지니어링의 이상수 회장이 설계를 맡았다. 같은 해 서울시 건축상 금상을 받았다. 도로 모서리 대지라는 공공 용도의 성격을 지닌 땅에 건물을 세우며 이를 보완하려는 방안으로 교차로 쪽 45도 방향으로 건물을 세우고 바로 앞에 열린 보행통로를 두었다. 건물 10층에는 '하늘공원'이라는 공공 공원을 설치해 시민이 이용하도록 했다. 빌딩을 평면으로 보면 가는 막대기 모양에 모서리는 곡선으로 처리한 형태를 띤다. 입면상 건물의 수평적 요소가 건물의 높이를 더 강조한다.

웨스틴조선호텔
Westin Chosun Hotel

윌리엄 태블러 | 1970
중구 소공로 106(소공동)

웨스틴호텔은 조선호텔이 1914년 철거될 때까지 서 있던 자리에 건설되었다. 호텔은 곡선 형태의 3개 동으로 이루어져 있다. 18개 층 규모의 호텔은 500여 개의 객실을 갖췄으며 지하 통로를 통해 인근 보행자용 터널과 연결되어 있다. 호텔이 조선 시대 제단 환구단 뒤에 세워지면서 환구단의 배경이 되기도 한다. 웨스틴조선호텔의 설계자인 미국 건축가 윌리엄 태블러(William B. Tabler)는 일생에 400개 이상의 호텔을 설계한 것으로 유명하다. 주로 힐튼그룹 계열의 호텔을 많이 설계했다. 종전 뒤 도심 안 호텔이 인근 오피스 건물과 점차 유사해졌고 그때부터 여행자는 윌리엄 태블러가 설계한 호텔을 수없이 마주치기 시작했다.

서울중앙우체국
Seoul Central Post Office

공간그룹 | 2007
중구 소공로 70(충무로1가)

지상 21층 규모의 서울중앙우체국은 명동의 게이트라는 상징적인 역할을 하고 있다.

건물 상부로 올라갈수록 2개의 타워로 나뉘는 형태 덕분에 '포스트 타워'라는 명칭 외에 '지퍼 빌딩'이라는 이름으로도 불린다. 건물 외부는 창문 부분을 제외하고 모두 석재로 마감했다. 2개의 타워 가운데 하나만 우체국 건물로 사용하고 나머지 하나는 임대 건물로 쓰고 있다. 건물 안에는 3개의 실내 정원인 하늘정원·도시정원·우정원이 있다. 우체국은 지하 2개 층에 배치되었는데 지하부 지붕을 유리로 마감해서 우체국 내부로 자연광을 끌어왔다. 1905년 이 대지로 이전했던 서울중앙우체국, 당시의 경성우편국은 한국전쟁 당시 파괴되었다. 1957년 이 자리에 3층 규모의 건물이 다시 건설되었고 1968년 증축되었다. 첫 중앙우체국 건물은 독일 바로크 양식(Baroque)을 기반으로 한 중앙 돔과 적벽돌, 백색 화강석으로 치장한 건물 외벽이 특징이다. 일제강점기 때 건설된 건축물에서 쉽게 찾아볼 수 있는 그 당시의 전형적인 건축 양식이었다.

주한 캐나다대사관
Embassy of Canada

자이들러파트너십아키텍츠 | 2007
중구 정동길 21(정동)

덕수궁 인근 지역에 있는 주한 캐나다대사관은 500살이 넘은 회화나무와 함께 땅을 나누어 쓰고 있다. 대사관 진입 광장에 우뚝 서 있는 이 보호수와 국가의 상징이 나뭇잎인 캐나다는 완벽한 조합이라 할 수 있다. 2개의 건물을 하단부에서 하나로 묶어 연결한 형태인 동시에 건물 높낮이가 다양한 형태를 보여준다. 설계는 캐나다 풍경에서 영감을 얻었다. 서쪽 건물에는 캐나다 화가 로렌 해리스(Lawren S. Harris)의 방식에 따라 장엄하고 간결하게 '산'을 상징적으로 표현했다. 반면 동쪽 건물은 '숲'과 닮아 있다. 캐나다 인상파 화가 톰 톰슨(Tom Thomson)의 작품에서 영감을 얻은 것으로 푸른 하늘을 향해 자연의 리듬을 이루며 수직으로 뻗어가는 자작나무 '숲'을 형상화했다. 대사관 하단부는 따뜻한 질감의 재료를 부드러운 형태로 사용해 리셉션과 로비, 연회장의 방문객을 맞는다. 설계를 맡은 자이들러파트너십아키텍츠(Zeidler Partnership Architects)의 건축가 에버하드 자이들러(Eberhard Zeidler)는 독일 태생 캐나다인이다.

눈스퀘어
Noon Square

DP아키텍츠 | 2009
중구 명동길 14(명동2가)

명동의 오래된 상가를 싱가포르 설계회사인 DP아키텍츠(DP Architects)에서 리모델링해 지상 9개 층의 쇼핑몰로 탈바꿈했다. 1970년부터 이 자리를 지키던 오래된 백화점은 2001년 리모델링했지만 이목을 끌지 못한 채 남아 있었다. '내부 공간을 조각한다'는 생각으로 새로운 건물 외관이 탄생했다. 내부에 아트리움을 지으면서 건물에 새로운 연결성을 부여했다. 길과 상부층을 잇는 한국 최초의 외부 에스컬레이터는 길을 걷는 고객의 수평 움직임과 쇼핑몰로 인도하는 수직 움직임을 통합하는 역할을 한다. 외벽 밖으로 돌출된 타탄(tartan) 그리드 벽면이 입점 브랜드와 광고가 눈에 더 잘 띄게 한다. '눈'은 '눈 결정체'를 의미하며, 한 모서리 외벽 그리드가 눈 결정체와 닮은 형태를 띤다.

청계천
Cheonggyecheon Restoration

김미경(시작점 설계) | 2005
중구, 종로구, 동대문구 청계천

서울의 업무지구 중간에서 시작해 동쪽으로 이어지는 11킬로미터 길이의 녹지 공간이다. 복원 전 이곳은 상부가 덮인 오염된 하천이었다. 도로였던 곳을 보행자 구역으로 만들면서 도시를 가로지르던 청계고가를 6킬로미터 가까이 철거했다. 하천의 범람을 막고 수질을 개선하면서 청계천은 사람을 불러 모으기 시작했다. 국제 현상 설계의 과제는 역동적인 광장에서 '미래의 남북한 통일을 상징적으로 묘사'하는 것이었다. 당선된 건축가 김미경의 설계안은 국내 재료와 8개의 수원(水源)을 활용해 한국의 팔도(八道)를 그려냈다. 전국 팔도에서 채석해온 석재에 8개의 수원을 표시하고 광섬유를 활용해 표현했다. 돌을 독특하게 배열해 경사를 만들거나 층을 내어 다양한 높이에서 물이 돌 위로 흘러내리도록 하고 이와 동시에 대중은 청계천과 더욱 가까워지게 된다. 2005년에 복원한 뒤 1,000만 명이 넘는 사람이 청계천을 다녀갔다. 환경 복원뿐 아니라 도심 속 열린 공간이 되어 만남의 중심 공간이 되었다. 수질 2급수인 청계천의 물은 다시 한강으로 흘러들어 간다. 새해 행사, 정치 집회, 패션쇼, 록뮤직 콘서트 같은 공연이 청계광장에서 열리기도 한다. 청계천 안에 설치된 '행운의 동전'에 방문객이 던진 동전은 자선단체에 기부된다.

미래에셋센터원빌딩
Mirae Asset Center 1 Building

진아건축도시건축사사무소 | 2010
중구 을지로5길 26(수하동)

높이 148미터, 지상 32층 규모의 타워 2개
동으로 구성된 미래에셋센터원빌딩은 진아
건축도시건축사사무소가 설계를 맡았다. 건
물 외관은 바닥에서 천장까지 닿는 높이의
유리와 하얀 알루미늄 패널로 마감했으며 빌
딩 창문을 개폐할 수 있도록 했다. 층고가 높
은 증권 거래소는 두 타워가 만나는 건물 기
단부에 배치했다. 건물 저층부 측면에는 2
층 규모의 상점가가 있고 20층에는 3층 규
모의 하늘정원이 있다. 건물 앞 조경 광장은
빌딩과 청계천 주변 거리를 연결해주는 역
할을 한다.

페럼타워
Ferrum Tower

간삼건축종합건축사사무소 | 2010
중구 을지로5길 19(수하동)

동국제강 본사 건물이다. 건물주가 철강제
조업체인 만큼 건물명은 라틴어로 철을 의
미하는 '페럼(ferrum)'에서 따왔다. 지상 28
층 높이의 건물 외벽에 설치된 푸른색 창문
은 마치 연마한 철강처럼 빛난다. 건물 안으
로 들어오는 태양빛과 내부 온도를 사무실에
서 개별적으로 조절할 수 있어 내부 업무 환
경이 쾌적하다. 롤스크린을 이용한 자동 차
양 시스템은 태양열 차단, 내부 조명 관리,
냉방 및 알람 시스템과 연계되어 있다. 건물
기단부의 휴게 공간, 행사장, 상점은 지하도
를 통해 인근 지하철역과 연결된다.

밀레니엄서울힐튼
Millenium Seoul Hilton

김종성 | 1983
중구 소월로 50(남대문로5가)

서울건축종합건축사사무소의 건축가 김종
성의 초기 작품으로 남산 기슭에 세워졌다.
방문객이 동쪽 더 높은 지대에서 호텔 안으
로 진입하게 되어 있는 구조이다. 힐튼호텔
은 타워부와 그 뒤의 기단부(基壇部)로 구성
된다. 타워부의 필로티(pilotis) 사이로 진입
로가 나 있으며 타워 폭은 19미터이다. 평면
상 타워는 양쪽 끝에서 30도 기울어져 마치
삼단 병풍 같은 모양을 하고 있다. 그 결과 직
사각형 건물의 가로 길이는 물론 내부 복도
가 짧아 보이는 시각적 효과가 있다. 6미터
높이의 로비에는 대리석으로 마감한 엘리베
이터를 설치했다. 웅장한 계단을 따라 아래
층 로비로 내려갈 수 있다. 고동색 알루미늄
커튼월로 마감한 호텔 외관은 김종성 작품
에서 찾아볼 수 있는 미스 반데어로에(Mies
van der Rohe) 건축 스타일이다.

반얀트리클럽&스파서울
Banyan Tree Hotel & Spa Seoul

김수근 | 1969
간삼건축종합건축사사무소 | 2010(리모델링)
중구 장충단로 60(장충동2가)

원래 인근 자유센터 방문객의 숙소로 쓰기
위해 건설한 호텔로 당시 이름은 '타워호텔'
이었다. 건축가 김수근이 설계를 맡았다.
1969년 민간 호텔로 전환되었다. 산비탈에
세워진 이 호텔의 육중한 상부는 사찰과 비
슷한 분위기를 자아낸다. 4개의 모서리에 서
있는 마름모 모양의 콘크리트 기둥이 노출콘
크리트로 외부를 마감한 건물 전체를 지탱하
고 있다. 한국전쟁 참전국이었던 한국을 포
함한 17개국의 UN군을 기념하기 위해 17
개 층으로 건설되었으며 지어질 당시 성곽
일부가 헐리기도 했다. 245개 객실을 갖췄
고 당시 한국에서 가장 높은 건물이었다. 기
존 창문은 거울유리로 교체되었고 노출콘크
리트 외벽은 강판으로 감싸졌으며 리모델링
뒤 4개 층이 증축되었다.

서울스퀘어

Seoul Square

대우건설, 공간그룹(지하 아케이드) | 1977
김종성 | 2007(리모델링)
아이아크건축설계사무소, 정림건축종합건축사사무소 | 2009(리모델링)
중구 한강대로 416(남대문로5가)

서울역 맞은편에 서 있는 이 거대한 주황색 오피스 건물은 기차를 타고 서울에 도착한 방문객이 가장 처음 마주하게 되는 건물이다. 야간에는 건물 정면부가 세계 최대 스크린으로 변신해 미디어 영상을 상영한다. 원래 이 대지에는 1968년에 건설된 철도청 산하 교통센터빌딩이 있었다. 1977년 대우건설이 대우센터빌딩, 즉 지금의 서울스퀘어 건물을 건설했고 건축가 김수근이 대우아케이드 안에 벽돌로 마감한 벽으로 인테리어를 더했다. 이후 서울건축종합건축사사무소의 김종성이 리모델링 작업을 맡았다. 2006년 금호아시아나 그룹이 대우건설을 인수했고 2007년 모건스탠리(Morgan Stanley)에 건물을 매각했으며, 2009년 다시 아이아크건축설계사무소와 정림건축종합건축사사무소가 리모델링 작업을 맡은 뒤 건물은 '서울스퀘어'라는 새로운 이름으로 불리게 되었다. 82미터 높이의 서울스퀘어는 지상 23층 규모로 식당가도 갖췄다.

동대문디자인플라자
Dongdaemun Design Plaza, DDP

자하 하디드 | 2013

중구 을지로 281(을지로7가)

동대문운동장이 철거되고, 거대한 동대문디
자인플라자를 통해 구현된 건축가 자하 하
디드(Zaha Hadid)의 '환유(換喩)의 풍경'
이 그 자리를 채웠다. '환유'는 특정 사물을
간접적으로 묘사하는 수사학적 표현을 의
미하며, '풍경'은 인간과 그 환경 사이의 관

계 재현을 의미한다. 자하 하디드의 파라메
트릭(parametric) 설계 기법을 사용한 전형
적인 건축물이다. 주변으로 동대문역사문화
공원을 조성해 대중에게 개방했다. 공원에는
옛 성곽을 전시하고 연꽃이 핀 연못, 정원 등
으로 꾸몄다. 건축주의 말에 따르면 녹색 식
물로 덮인 유체와 흐르는 형태의 건축적 선
은 '한국식 정원과 고대 성벽, 미래지향적인
형태를 하나의 풍경'으로 담아내고자 한 결
과이다. 과거를 기념하기 위해 동대문운동장
의 조명판을 그대로 보존했고 철거 뒤 발견
된 유물은 공원의 일부로 남겨두었다. 미래

지향적이고 역동적인 외관을 자랑하며 '한국 패션의 허브'인 이곳은 '디자인 창조산업의 발신지' 역할도 수행한다. 내부에 세미나실·강연장·공연장·전시회장·도서관·박물관·교육시설·컨벤션센터·디자인&아트숍 등을 갖춰 신제품과 패션트렌드를 알리고 새로운 전시를 통해 지식을 전하며 다양한 디자인을 체험하도록 운영된다. 지하 문화 광장은 지상에서는 주요 도로가 갈라놓은 동대문 패션지역의 동과 서를 이으며, 동대문역사문화공원역과 을지로지하상가와도 연결되어 공원과 지상 광장에 하나로 통합된다.

종로구

JONGNO-GU

천도교 중앙대교당
Central Temple of Cheondogyo

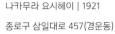

나카무라 요시헤이 | 1921

종로구 삼일대로 457(경운동)

천도교는 한국에서 꽃핀 '우주 공동체의 삶을 지향하는 종교'로, 기본 교리는 '인간이 하늘이고 곧 신이다'이다. 신도는 10만 명이 넘으며 전통적으로 천도교의 중심지는 북한에 있다. 서울에 있는 중앙대교당은 일본 건축가 나카무라 요시헤이(中村與資平)가 설계해 1921년 완공되었다. 고딕리바이벌(Gothic Revival) 양식을 따르고 있으며 완만한 곡선의 아르데코 장식이 사용되었다. 십자형 평면의 중앙대교당 외부는 전체적으로 적벽돌로 마감했고 하얀색 화강석으로 포인트를 주었다. 출입구 위의 아치형 창은 상부 돔과 하부 아치형 주 출입구의 형태를 반영한 것이다. 한국의 20세기 역사에서 천도교 중앙대교당은 독립운동가의 중요한 모임 장소로 여러 차례 등장한다.

교보생명빌딩
Kyobo Securities Building

시저 펠리, 엄&이종합건축사사무소 | 1984

대림산업 | 2010(리모델링)

종로구 종로 1(종로1가)

20층 규모의 단순한 사각형 상자 모양으로 세종로와 종로, 서울의 동맥이 만나는 중요한 교차로 모서리 대지에 우뚝 솟아 있다. 미국 그루엔설계사무소(Gruen Associates)의 건축가 시저 펠리(Cesar Pelli)가 설계를 맡으면서 서울에서 서양인이 설계한 초창기 건축물 중 하나가 되었다. 같은 건축가가 설계한 도쿄에 있는 주일 미국대사관과 닮아 있다. 고종 즉위 40주년과 51세 기념으로 1902년에 세운 칭경기념비가 있는 비각을 이 새로운 건물을 세우기 위해 대지 먼 곳의 모서리로 옮겨야 했다. 건물 출입구는 상자 형태의 건물 일부를 매끈하게 잘라낸 모양이다. 이후 동쪽에 대규모 아트리움이 더해지며 대형 서점을 운영하기 시작했다.

대한민국역사박물관
National Museum of Korean Contemporary History

PAE, 빈넬 | 1961

정림건축종합건축사사무소 | 2012(리모델링)

종로구 세종대로 198(세종로)

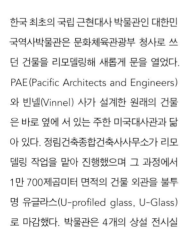

한국 최초의 국립 근현대사 박물관인 대한민국역사박물관은 문화체육관광부 청사로 쓰던 건물을 리모델링해 새롭게 문을 열었다. PAE(Pacific Architects and Engineers)와 빈넬(Vinnel) 사가 설계한 원래의 건물은 바로 옆에 서 있는 주한 미국대사관과 닮아 있다. 정림건축종합건축사사무소가 리모델링 작업을 맡아 진행했으며 그 과정에서 1만 700제곱미터 면적의 건물 외관을 불투명 유글라스(U-profiled glass, U-Glass)로 마감했다. 박물관은 4개의 상설 전시실과 2개의 기획 전시실, 수장고, 세미나실, 카페, 옥상정원을 갖췄다. 조선 시대부터 오늘날까지 이르는 시간을 담은 약 1,500여 점의 유물을 소장하며, 더불어 한국 정치·사회·경제·문화 전반에 관한 정보를 제공한다. 3개 층에 걸친 3,000제곱미터 크기의 공간에서는 '한국 경제의 기적'을 소개한다. 12미터 길이에 달하는 홀로그램 이미지는 독립한 이후 근대 국가가 되기 위한 한국의 고투를 그려낸다.

낙원상가

Nagwon Arcade

김수근 | 1967

종로구 삼일대로 428(낙원동)

낙원상가에는 200개가 넘는 음악 관련 상가가 모여 있다. 지하에는 시장이 있고 4층에는 서울아트시네마를 운영 중이다. 인근에서 가장 큰 건물 중 하나로 1960년대 도시 디자인 해결책의 대표적인 예이다. 상가 건물을 1층 콘크리트 기둥 위에 세우며 비어 있는 1층 공간은 도로가 관통해 차량이 통과할 수 있도록 했다. 주요 타워를 중심으로 3개 동이 그 주변을 에워싸는 형태이다. 타워는 아파트 건물이고 3개 동은 상가 건물로 사용한다. 설계 과정에서 주변 건물과 도로를 고려하면서 비대칭의 형태가 되었다. 도시 설계자는 입체적인 도시 계획을 꿈꿨다. 외부 콘크리트 계단을 걸어 올라가야만 비로소 낙원상가 안 상점에 들어갈 수 있다.

정부서울청사
Government Complex Seoul

PAE | 1970

종로구 세종대로 209(세종로)

한국전쟁이 끝난 뒤 가장 처음으로 건설된 현대식 주요 정부 기관 건물이다. 1995년 철거된 중앙청의 바깥, 요지를 차지하고 있는 22층 규모의 수직성이 강조된 외관을 가졌다. 설계를 맡은 PAE는 시공 이음 없이 연속으로 콘크리트 타설이 가능한 슬립폼공법(slip form method)을 활용했다.

일민미술관
Ilmin Museum of Art

나카무라 마코토 | 1926

1996, 2001(리노베이션)

종로구 세종대로 152(세종로)

광화문 사거리에서 시각 문화의 중심적 역할을 수행하고 있다. 일본 건축가 나카무라 마코토(中村誠)가 설계를 맡아 1926년 준공되었다. 건물의 돌출 수직창은 5층 규모의 건물 높이만큼 수직으로 길게 배열되었다. 옛 동아일보 사옥이었던 일민미술관은

한국에서 언론사 건물로는 가장 오래된 건물이다. 1992년까지 신문사 건물로 쓰이다가 리노베이션을 거쳐 4년 뒤 미술관으로 개관했다. 정면부만 그대로 남아 있고 그 뒤로 철골 구조의 건물을 유리로 마감해 건물 측면은 정면과 달리 새로 지은 건물 같다. 일민미술관은 미술관 소유 미술품은 물론 동아일보사 소유 미술품도 소장했다. 대부분 언론인이자 전 동아일보 명예회장인 일민 김상만의 수집품이다. 그의 유지를 기리기 위해 1994년 일민문화재단이 설립되었다.

LG상남도서관
LG Sangnam Library

김수근 | 1967
종로구 창덕궁1길 18(원서동)

LG상남도서관은 1970년대 김수근의 구조주의 건축 스타일을 엿볼 수 있는 좋은 예이다. 원래 구자경 LG명예회장이 사저로 쓰던 이 건물을 LG연암문화재단에 기증하며 1996년 도서관으로 바뀌었다. 불규칙한 패턴의 발코니와 지붕이 특징인 건물 외관이 눈에 띈다.

동아미디어센터
Dong-a Media Center

희림종합건축사사무소 | 1990
종로구 청계천로 1(세종로)

1920년 '조선 민중의 표현기관, 민주주의, 문화주의'라는 사시 아래 창간된 종합일간신문으로 한국의 유명 언론사 중 한 곳인 동아일보의 본사 건물이다. 희림종합건축사사무소가 설계한 동아미디어센터는 폭이 좁은 건물로 끝은 더 넓은 폭의 뱃머리가 있는 듯한 형태를 띠고 있다. 건물은 지하 5개 층, 지상 21개 층으로 구성되었으며 수평적 요소가 강한 창문을 건물 외벽에 배열했다.

세종문화회관

Sejong Center

엄덕문, 이희태 | 1978

종로구 세종대로 175(세종로)

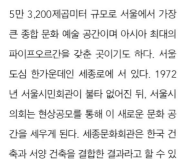

5만 3,200제곱미터 규모로 서울에서 가장 큰 종합 문화 예술 공간이며 아시아 최대의 파이프오르간을 갖춘 곳이기도 하다. 서울 도심 한가운데인 세종로에 서 있다. 1972년 서울시민회관이 불타 없어진 뒤, 서울시의회는 현상공모를 통해 이 새로운 문화 공간을 세우게 된다. 세종문화회관은 한국 건축과 서양 건축을 결합한 결과라고 할 수 있다. '세종'이라는 이름은 조선의 제4대 왕인 세종대왕의 이름에서 따온 것이다. 대극장은 3,022석의 좌석을 갖췄고, 2007년에 재개관한 소극장 세종시어터는 2층 규모로 609명의 관객을 수용할 수 있으며 무대는 100명의 공연자가 오를 수 있다. 미술관 본관은 4개의 전시실로 이루어진 대공간이며 미술관 신관은 예술 작품 전시 공간으로 쓰이고 있다. 2층 규모의 세종체임버홀은 443명을 수용할 수 있고 광장에서는 야외 콘서트가 열리기도 한다. 외벽에는 알루미늄 주철과 화강암으로 표현해낸 한국적인 문양이 고스란히 새겨져 있다.

주한 미국대사관
US Embassy

PAE, 빈넬 | 1962

종로구 세종대로 188(세종로)

한국과 미국은 1870년대 후반부터 외교 관계 중단 기간을 포함해 지금까지 계속해서 외교 관계를 맺어왔다. 1883년 미국 대사가 처음으로 한국 땅을 밟으면서 미국대사관의 역할은 시작되었다. 제2차 세계대전이 끝날 때까지 미국대사관이 한국에 다시 설립되지는 않았다. 1948년 미국은 서울에 있는 미국 정부를 승인하고 호텔에서 미국대사관 업무를 시작했다. 1950년 북한군이 서울을 점령하면서 미국대사관 역시 대피해야 했다. 같

은 해 건물을 다시 탈환했지만 1951년 다시 북한군에게 빼앗겼다. 같은 해 4월 UN군은 마침내 서울 재탈환에 성공했다. 현재 주한 미국대사관 건물은 원래 미국 국제개발처(United States Agency for International Development, USAID)를 위해 건설된 건물 2개 중 하나였다. 같은 시기에 건설된 같은 형태의 북쪽 건물은 문화체육관광부 소속이 되었고, 지금은 리모델링 작업을 거쳐 대한민국역사박물관으로 변신했다. 미국대사관은 한국 정부 기관이 모여 있는 지역에 인접해 있으며 경복궁으로 이어지는 주요 도로에 면하는 요지에 있다. 건설 당시 서울에서 가장 높은 건물 중 하나였다. 현재는 한국 의경이 항상 건물 앞을 지키고 서 있다.

템플스테이
통합정보센터
Information Center for

Temple Stay

승효상 | 2009

종로구 우정국로 56(견지동)

조계사와 길 하나를 사이에 두고 마주 선 지상 5층 건물이 바로 템플스테이 통합정보센터이다. 건물 안에는 템플스테이 사무실, 정보센터와 교육센터, 식당, 카페, 불교 전문 서점이 있다. 1층에는 템플스테이 정보센터, 3층에는 다양한 교육 프로그램이 진행되는 좌식 교육장 '보현(普賢)'과 입식 교육장 '문수(文殊)'가 있다. 4층에는 한국불교문화

국립민속박물관

National Folk Museum

강봉진 | 1968

종로구 삼청로 37(세종로)

국립민속박물관 설계안은 1966년 설계 공모를 통해 선정되었다. 경복궁 안에 위치한 박물관은 한국인의 역사를 표현해내기 위해 전통 건축물을 재현하는 방식으로 설계됐다. 애초에는 중앙박물관 격인 '국립종합박물관'으로 지어졌다가 중앙박물관이 새로운 곳으로 이전하면서 국립민속박물관이 되

었다. 현재 4,500여 점의 유물을 소장하고 있다. 건축가 강봉진의 설계안은 3개의 전통 건축물을 콘크리트로 재현해낸다는 점에서 논란의 여지가 있었다. 화엄사 각황전, 법주사 팔상전, 금산사 미륵전을 새로운 건물에 절충해 모두 담아낸다는 것이 건축가의 의도였으나, 인위적 재건과 반(反)역사적 결합이 건물의 진정성을 담기에는 부족하다는 평이 대다수이다. 국립민속박물관 안에는 각각 '한민족 생활사' '한국인의 일상' '한국인의 일생'이 주제인 3개의 주요 전시실이 있으며 박물관 밖에서도 전시품을 관람할 수 있다.

사업단 사무실이 있고 5층에는 '발우공양'이라는 사찰 음식점이 운영 중이다. 건물을 감싸는 외피는 도로와 나란히 선 것처럼 보이지만 그 속에 숨겨진 건물은 모든 층에 접근하는 하나의 계단을 옆에 두고 비스듬하게 세워졌다.

삼일빌딩
31 Building

김중업 | 1970

종로구 청계천로 85(관철동)

1970년 완공된 삼일빌딩은 롯데호텔이 완공되던 1979년 전까지 서울에서 가장 높은 건물이었다. '삼일'이라는 이름은 항일독립운동인 3·1운동이 일어난 3월 1일을 의미한다. 그런 맥락에서 삼일빌딩 역시 1970년 3월 1일에 문을 열었다. 이 오피스 건물은 20세기 중반 미스 반데어로에의 모더니즘 건축 스타일을 따르며 한국에서는 처음으로 국제 양식의 커튼월 마감법을 적용했다. 높이는 114미터로 이름에서도 알 수 있듯 31층이다. 건물 외부는 짙은 갈색 알루미늄 패널과 유리로 마감했다. 건물의 하중을 지탱하는 코어(core)부는 직사각형 평면 바깥에 두어 오피스 평면을 굉장히 유연하게 활용할 수 있도록 했다. 김중업은 이전부터 유기적 건축 형태를 추구하기로 잘 알려진 건축가인 만큼 그의 포트폴리오에서 삼일빌딩이 예외로 남은 것은 어쩌면 당연한 일인지도 모른다.

아트선재센터
Art Sonje Center

김종성 | 1998

종로구 율곡로3길 87(소격동)

사립 현대 미술관인 아트선재센터는 건축가 김종성이 설계를 맡았다. 모서리 대지에 지어졌으며 평면이 사분원(四分圓) 형태를 갖고 있다. 지하 3층, 지상 3층의 총 6층의 규모로, 2개의 갤러리가 1층 로비 위 2개 층에 위치하고 지하층에는 300석 규모의 소극장이 있다. 외벽의 주요 곡선부는 회색 화강석을 사용해 다양한 구성으로 마감했으며, 곡선부 양 끝에는 유리로 마감한 직사각형 상자 형태의 구조가 연결되어 있다. 외벽 상부 둘레에 위치한 채광창을 통해 전시실로 자연광이 스며든다.

옛 공간사옥
Former Space Group Building

김수근 | 1971(구관), 1977(증축)
장세양 | 1997(신사옥)
종로구 율곡로 83(원서동)

현재 아라리오뮤지엄인스페이스로 쓰이는 옛 공간사옥은 영향력 있는 건축설계사무소인 공간그룹의 사옥으로 쓰이던 건물이다. 안에 극장, 갤러리, 문화재단, 서울건축학교 사무실을 갖추며 문화면에서도 랜드마크 역할을 수행했다. 건축가이자 건축주인 김수근은 한국 건축 발전의 중추 역할을 수행했으며 1966년 건축 문화 예술 월간지인《공간SPACE》를 창간했다. 가장 먼저 건설된 공간사옥 건물은 경사지의 폭이 좁고 기다란 작은 대지에 세워졌다. 외벽이 담쟁이덩굴로 덮이면서 각층 바닥판 선이 가려져 건물의 4개 층은 뚜렷하게 나뉘어 보이지 않는

다. 건물 측면 1층에는 아치형 창을 두고 그 위로 4개의 수직 창을 배치했다. 어두운 회색 벽돌 벽이 미치 건물 주변 시간이 이내로 멈춘 것 같은 분위기를 자아낸다. 건물 안으로 진입하는 여러 계단은 각기 다른 공간으로 방문자를 인도하며, 측면의 주 출입구는 2층의 리셉션 공간으로 바로 이어진다. 건물 양쪽 층높이가 각각 다르게 설계되어 번갈아 형성된 각기 다른 높이의 층이 다양한 공간을 조성하고 계단을 통해 서로 연결된다. 건물 안의 아늑하고 친숙한 분위기는 '자궁'이라는 건축가의 공간 콘셉트에 따라 조성되었다. 공간그룹은 1977년 기존 건물을 증축해 지하에 극장을 설치하고 갤러리를 확장했다. 김수근 뒤를 이어 공간그룹을 이끌었던 건축가 장세양이 기존 사옥 옆에 지상 5층 규모의 신사옥을 설계해 1997년 준공했다. 외벽 전체를 유리로 마감한 건물은 단일 콘크리트 기둥이 떠받친다.

아르코미술관·
아르코예술극장

Arko Art Center·Arko Arts Theater

김수근 | 1979/1981

종로구 동숭길 3/대학로8길 7(동숭동)

아르코미술관과 아르코예술극장은 마로니에공원에 있는 옛 경성제국대학 본관 건물 인근에 세워졌다. 아르코미술관은 마로니에공원 동쪽 면에 수평이 되도록 세웠다.미술관은 사각형 창을 낸 관리동과 사선의 진입부, 그 뒤의 창이 없는 전시실 이렇게 세 부분으로 나뉜다. 아르코예술극장의 들어가고 나감이 공존하는 정면부는 무대를 닮아 있다. 건물 출입구로 이어져 올라가는 계단 역시 무대와 비슷한 구석이 있다. 큰 유리 벽면은 극장 로비와 마로니에공원을 시각적으로 이어준다. 건물 외벽은 벽돌 절반 길이만큼 적벽돌을 돌출시켜 장식했다. 극장 안에는 대극장과 어린이 놀이방, 소극장, 연습실이 있다.

무무헌

Mumuheon

황두진 | 2005(리노베이션)

종로구 북촌로11라길 2(가회동)

1970년대 이후 많은 사람이 현대식 생활 방식을 찾아 북촌을 떠났지만 최근 몇 년 사이 한옥의 진가를 다시 알아보기 시작했다. 그 결과 북촌의 한옥이 하나둘씩 개조되기 시작하면서 북촌의 인기도 덩달아 높아져 주요 관광지로 자리매김하기에 이르렀다. 1930년대에 지어진 무무헌(無無軒)은 건축가 황

서울역사박물관
Seoul Museum of History

김종성 | 1998

종로구 새문안로 55(신문로2가)

서울은 조선 시대부터 수도였다. 서울역사박물관은 선사 시대부터 오늘에 이르는 서울의 변천사를 담아내고 있으며 실내엔 거대 도시 모형을 전시한다. 철골과 유리 마감이 특징인 박물관은 커다란 U자 평면 형태 건물로 중간에 반만 둘러싸인 중정(中庭)이 조성됐다. 직선의 형태와 별다른 장식이 없는 건물 외관이 역사적 유물과 대조되는 느낌을 주는 반면에 외관의 붉은색은 주변을 둘러싸고 있는 경희궁의 전통 건축물과 박물관의 조화를 더한다. 2만 제곱미터 규모의 박물관은 갤러리와 세미나실, 사무실, 강당을 갖췄다. 박물관은 유적지로만 남은 옛 경희궁 터에 세워졌다. 병렬로 배치된 12미터 너비의 갤러리는 천창을 통해 자연광을 받아들인다. 트래버틴(travertine) 대리석으로 마감한 웅장한 계단과 초록 빛깔의 대리석벽, 청동을 입힌 철골 기둥이 박물관 내부 공간을 압도한다. 건물 외벽은 붉은색 알루미늄 패널로 마감했고 지붕은 동판을 사용해, 한쪽으로 경사진 지붕을 노출된 철골 골조에 그대로 얹었다.

두진의 첫 '한옥 프로젝트' 작업이다. 안방, 화장실, 부엌, 정원을 하나씩 갖췄다. 건축주는 무무헌이 주거 공간은 물론 작업실, 사랑채, 작은 전시장의 역할까지 할 수 있기를 원했다. 무무헌은 현대식 난방, 조명, 통신 시스템과 가전 기기 등을 갖추면서도 한옥 고유의 아름다움을 그대로 보존하고 있다.

청와대
Cheongwadae

현대건설, 오인욱 | 1991

종로구 청와대로 1

'청기와로 지붕을 얹은 집'이라는 의미로 한국 대통령의 집무실이 있는 관저이다. 조선 왕조의 정원 대지에 세웠으며 전통적인 한국 건축 양식에 따라 건설했다. 지붕은 15만 개의 청기와를 올려 완성했다. 대통령 근무와 외빈 접견을 위한 본관, 대통령 가족이 생활하는 대통령 관저, 대규모 회의와 공식 행사를 개최하는 영빈관, 기자 회견 장소나 출입 기자의 기사소송실로 사용하는 춘추관, 비서실 건물로 구성되어 있다. 영빈관의 경우 외국 귀빈을 위한 회의와 공식 행사를 개최하기 위해 설계되었다. 모든 건물은 한양 안 옛 이궁(離宮) 터에 건설했다. 이곳의 역사는 복잡하다. 조선이 수도를 한양으로 천도한 뒤 1395년 경복궁을 주요 궁궐로 건설하고 고려 때 이궁 터는 후원이 되었다. 1910년 한일병합 조약 이후 조선총독부는 경복궁 안에 조선총독부 건물을 세웠다. 1939년 조선총독부는 청와대 대지에 총독의 집무실과 관사를 지었고 이 건물은 이후 1993년에 해체되었다. 1948년 대한민국 정부가 수립되면서 이승만 대통령은 과거 그곳에 있던 건물의 이름을 따 총독부 건물을 '경무대'라 불렀고 집무실과 관저로 사용했다. 이후 1960년 윤보선 대통령이 '청와대'로 개칭했다. 박정희 대통령, 최규하 대통령, 전두환 대통령 역시 이 총독부 건물을 집무실과 관저로 사용했다. 노태우 대통령 재임 동안 새로운 본관과 관저, 프레스센터인 춘추관을 새로 지었고 본관은 1991년부터 사용하기 시작했다. 약 25만 제곱미터에 달하는 대지에 건설된 청와대는 북쪽의 북악산, 왼쪽의 낙산, 오른쪽의 인왕산으로 둘러싸였고 앞에는 청계천과 한강이 흐른다. 이처럼 청와대는 풍수지리학적으로 '대한민국에서 가장 좋은 터'에 지어진 건축물이다. 청와대 앞길은 김영삼 대통령 재임 기간이 시작되던 해인 1993년부터 국민에게 개방되었다. 매끈한 청기와 지붕은 청와대 배경의 북악산과 아름다운 조화를 이룬다.

청와대 사랑채

Cheongwadae Sarangchae
Visitor Center

지안건축사사무소 | 2010
종로구 효자로13길 45(효자동)

한국 역사 전시관이기도 한 이곳에서 방문객
은 역대 대통령의 발자취를 따라가며 한국의
역사를 본다. 1층에는 유네스코 지정 세계문
화유산 등을 소개하는 '국가홍보관'과 서울
의 관광 명소 등 관광 정보를 제공하는 '하이
서울관'이 있다. 2층 '대통령관'에서는 역대
한국 대통령을 소개하고 청와대 대통령 집무
실을 재현해 방문객이 사진을 찍을 수 있다.
또한 2층 G20휴게관에 재현해 놓은 G20정
상회의장의 모습을 살짝 엿볼 수도 있다. 방
문객의 길이 중정 주변으로 둘러져 '대한민
국관'에서 '서울홍보관'과 2층 방문객센터까
지 이동할 수 있다. 평면상 청와대 사랑채는
숫자 '9'와 닮아 있다.

SK서린빌딩의 설계를 맡은 건축가 김종성은 미국 일리노이공과대학(Illinois Institute of Technology, IIT) 대학원에서 건축학을 공부하고 졸업 뒤 미스반데어로에설계사무소에서 근무했다. 1978년 서울로 돌아와 밀레니엄서울힐튼과 SK서린빌딩을 설계해 서울의 지평선에 검은 철골조 고층빌딩 2개를 추가했다. 이 두 건물은 뉴욕에 있는 미스 반 데어로에의 작품인 시그램빌딩(Seagram Building)과 매우 닮았다. 건물주는 1997년 '선경그룹'에서 'SK그룹'으로 이름을 바꾼 한국 재계 3위의 대기업이며 핵심 사업은 에너지와 통신 분야이다. 평면상 장변 51미터, 단변 33미터의 이 직사각형 빌딩은 양쪽 끝기둥 밖으로 3미터 길이의 보를 캔틸레버로 돌출시켰으며 3미터 간격으로 배치된 기둥이 격자무늬를 만들어낸다. 건물 외벽의 스팬드럴(spandrel)은 검은색 알루미늄 프로파일을 활용했다. 층고가 높은 로비는 건물 어디에서 보든 안쪽으로 우묵하게 들어간다. 지상 36층 규모의 건물 정면부는 재료의 질감을 잘 표현해냈다.

SK서린빌딩

SK Corporation
Head Office Building

김종성 | 1999

종로구 종로 26(서린동)

덕원갤러리

Dukwon Gallery

아뜰리에17 | 2003 (리모델링)

종로구 인사동길 24(인사동)

1층에 은행을 운영하던 옛 덕원빌딩은 공예품 상점이 즐비한 인사동 거리와 제대로 소통하지 못했다. 2002-2003년에 걸쳐 건축가 권문성이 대표직을 맡고 있는 건축사사무소 아뜰리에17이 덕원빌딩 리모델링 작업을 맡았다. 아래 2개 층에는 상점을 두고 3-5층에 아트갤러리 공간을 조성했다. 모서리 대지에 있는 덕원갤러리는 방문객이 위층으로 더 쉽게 접근할 수 있도록 엘리베이터를 건물 모서리에 설치했다. 건물을 관통하는 큰 계단 골목은 위층으로 방문객을 인도하고, 꼭대기층 옥상에는 카페를 운영하고 있다. 건물의 상위 2개 층을 건물 아랫부분과 시각적으로 구별되게 만들어 주변의 낮은 건물과 갤러리 건물이 더 잘 어울리도록 했다. 건물 외벽과 외부 바닥은 전통 기와를 사용해 수평면과 수직면 사이의 경계를 없애고 목재 패널과 대비를 이루도록 했다. 상자 형태의 건물 상부는 각목을 수평으로 붙여 마감했다.

김종영미술관

**Kim Chong Yung
Sculpture Museum**

류재은, 한철수 | 2002

종로구 평창32길 30(평창동)

한국 현대 조각의 선구자인 조각가 김종영을 기리기 위해 건립된 사립 미술관으로 종합건축사사무소시건축의 류재은과 한철수가 설계를 담당했다. 가파른 경사지에 세워진 미술관의 주 출입구는 가장 높은 위치에 두고 건물은 언덕을 따라 아늑하게 앉혔다. 3개의 주요 전시장은 언덕을 따라 폭포처럼 흐르듯 배치됐고 방문객은 아름다운 정원을 감상하며 그 길을 따라 걸을 수 있다. 각기 다른 홀이 서로 겹치면서 조성된 높은 천장의 공간에는 크고 높다란 조각품을 전시할 수 있다.

트윈트리타워

Twin Tree Towers

BCHO건축사사무소 | 2010

종로구 율곡로 6(중학동)

현재 트윈트리타워가 서 있는 대지는 1968년 김수근이 설계를 맡아 준공한 옛 한국일보사 사옥이 있던 자리이다. 타워의 형태는 여러 개의 예각 모서리가 있는 대지의 지리적 특성을 고려한 산물이라고 할 수 있다. 곡선 형태는 마치 역경을 견뎌온 자작나무의 몸통을 연상시킨다. 타워를 기준으로 바로 남쪽에는 한때 피맛골로 유명했던 역사적인 상점 골목이 자리 잡고 있다. 트윈트리타워는 타워를 둘로 나누어 중간에 경복궁 동남쪽의 궁궐의 망루인 동십자각(東十字閣)과 통하는 길을 냈다. 지상 17층 규모의 두 타워에서는 경복궁과 인왕산, 북악산의 멋진 경관을 즐길 수 있다. 타워 사이 공간은 사람들에게 경복궁과 인왕산, 북악산으로 다니는 길은 물론 쉬고, 마시고, 먹고 대화할 수 있는 쉼터가 되어주기도 한다. 수평성이 강한 유리마감 외관은 고목의 몸통을 모방한 듯 보인다.

종로타워

Samsung Jongno Tower

라파엘 비뇰리,

삼우종합건축사사무소 | 1999

종로구 종로 51(종로2가)

건축가 박길룡이 설계한 일제강점기 최초의 상업 시설 '화신백화점'이 있던 자리에 지어진 삼성생명 종로타워는 미국 건축가 라파엘 비뇰리(Rafael Viñoly)와 삼우종합건축사사무소가 함께 설계와 시공을 담당했다. 지상 33층 규모로 높이가 132미터에 달하는 범상치 않은 모양새를 선보이고 있다. 평면상 삼각형 모양의 종로타워는 곡선 기단부, 상자 형태 중간부, 23층부터 30층 사이를 크게 뻥 뚫어놓고 꼭대기에 커다란 반지 모양 레스토랑을 둔 상부 이렇게 3부분으로 나뉜다. 꼭대기 층에서 내려다보는 도시 경관은 상당히 유명하다. 엘리베이터 코어부는 타워의 모서리 3곳에 배치했고, 건물 외벽은 유리로 마감했으며 그 위에 선스크린루버(sunscreen louver)를 설치했다. 종로의 랜드마크인 이 건물은 2015년 6월 초 삼성생명이 매물로 내놓았다.

대림미술관
Daelim Contemporary Art Museum

뱅상 코르뉴 | 2002(리모델링)
종로구 자하문로4길 21(통의동)

한국에서는 대기업이 회사 소유의 미술관을 운영하는 경우가 흔하다. 대림미술관 역시 한국의 대기업 중 한 곳인 대림산업이 통의동 주거 지역에 세운 미술관이다. 미술관 건물은 원래 1967년 지어진 가정집으로 프랑스 건축가 뱅상 코르뉴(Vincent Cornu)가 2002년 건물 리모델링 작업을 맡았다. 뱅상 코르뉴는 미술관 리모델링 경험이 많은 건축가로 프랑스의 국립피카소파리미술관(Musée national Picasso-Paris) 리모델링 작업을 맡기도 했다. 그는 기존 건물을 최대한 살리면서 미술관을 공공의 장소로 바꾸어놓았다. 평면상 스테인드글라스가 눈길을 끄는 로비는 '분포도'를 그리며 전시실·사무실·서비스 공간·정원 등 미술관 안의 모든 공간과 연결된다. 발코니는 과정이 단계적으로 발전할 수 있는 추진력이 되어준다. 작고 친숙한 방에서부터 높다랗고 좁은 갤러리에 이르기까지 다양한 전시 작품을 수용하면서 공간의 크기와 배치에 변화를 주어 발전하는 것이다. 2층 높이에 있는 공간은 각각 다른 너비의 방 2개가 남북 방향으로 배치되었고 동서 방향으로 배열된 3층 높이 전시실은 정원과 소통한다.

갤러리이즈
Gallery IS

이타미 준 | 2004

종로구 인사동길 52-1(관훈동)

이 건물의 옛 이름은 학고재화랑(學古齋畫廊)으로 재일교포 건축가 이타미 준(伊丹潤, 유동룡)이 설계했다. '옛것을 익혀 새것을 만든다'는 학고재 고유의 본성을 고스란히 간직하고 있는 것이 건축적 특징이다. 그 지향점에 따라 지어진 이 건물은 우아하고 고풍스러운 한국 고전 양식과 현대적인 구조물이 조화를 이루고 있다. 1988년 인사동에서 처음 문을 연 학고재화랑은 북촌 한옥마을 현재 위치로 이전한 뒤 전통 예술에서부터 현대 예술에 이르기까지 다양한 분야의 전시회를 열고 있다. 2008년 갤러리이즈가 옛 학고재화랑 건물을 매입했다.

쇳대박물관
Lock Museum

승효상 | 2004

종로구 이화장길 100(동숭동)

쇳대박물관은 7세기부터 20세기까지의 자물쇠와 열쇠를 포함해 손으로 만든 철물을 모아 전시해놓은 개인 박물관이다. 철물장인 최홍규는 자물쇠와 철물을 팔아 쌓아온 재산으로 박물관을 설립해 운영하고 있다. 지상 6층 규모의 이 상자 형태 건물은 이로재건축사사무소의 건축가 승효상이 설계했다. 건물은 창이 없는 녹슨 철판으로 마감해 박물관 안에 전시된 철물 전시품의 표면과도 닮아 있다. 최홍규는 30년이 넘는 동안 직접 수집한 5,000여 개의 수집품을 박물관에 보관해뒀으며 현재는 그중 딱 5퍼센트만 전시해둔 상태이다. 수집이 소장된 4층에는 행사장과 레스토랑, 주택, 상설 전시실이 함께 있다. 어두운 전시실은 나무 바닥과 콘크리트 벽, 콘크리트 블록으로 마감했다. 수백 개의 녹슨 열쇠로 채워진 긴 유리 진열장이 건물 내부 입구를 따라 설치됐다. 유리 진열장의 얇고 긴 등이 진열장 내부를 환하게 밝힌다.

쌈지길

Ssamziegil Art Market

최문규, 가브리엘 크로이즈 | 2004

종로구 인사동길 44(관훈동 38)

건축가 최문규와 미국 건축가 가브리엘 크로이즈(Gabriel Kroiz)가 공동 설계한 인사동의 쌈지길은 한국 전통 공예품 상점과 작업실이 모인 상점가이다. 상점과 작업실은 중정을 중심으로 4층까지 주변부를 따라 돌아 올라가며 배치됐다. 쌈지길은 상점과 갤러리, 찻집이 구불구불하게 늘어선 예스러운 인사동 전통 골목길을 확대하고 현대적으로 재해석한 공간이다. 건물 이름은 건물주인 (주)쌈지의 이름에 '길'을 붙여서 지었다. 주요 보행로를 면하는 쌈지길의 외관에 벽돌로 마감한 외벽과 낮게 걸린 경사 지붕이 눈에 띈다. 5개의 출입구를 통해 쌈지길 중정으로 들어설 수 있다. 각기 다른 통로를 통해 입장한 방문객은 웅장한 계단을 올라 2층 데크(deck)에 도착한다. 완만한 경사의 경사로를 따라 걸으며 사람들은 주변 상점들을 둘러보게 된다. 직사각형 바닥 중간을 바닥 면적의 5분의 1만큼 잘라내 중정이 내려다보이도록 했다. 25분의 1 정도인 완만한 경사 덕분에 경사로를 걷는 사람은 4층까지 어떻게 올라가고 있는지 거의 알아채지 못한다.

더웨스트빌리지
The West Village

황두진 | 2011

종로구 효자로 107(궁정동)

구멍 낸 벽돌벽을 통해 카페와 갤러리가 있는 내부로 빛이 여과되어 부드럽게 유입된다. 테라코타 벽돌로 마감한 지상 3층 규모의 더웨스트빌리지는 경복궁 인근 서촌에 세워졌다. 구멍을 낸 벽돌벽은 주거층인 상부 2개 층의 남쪽 건물 벽면을 거의 다 차지한다. 낮에는 내부가 보이지 않으면서 빛이 실 내부로 들어오고 어두워진 후에는 벽 뒤에 숨어 있던 창문이 드러난다. 벽돌벽의 패턴은 시간과 계절에 따라 다양한 그림자를 만들어 낸다. 일반 벽돌로 마감한 북측면에는 직사각형의 창문을 배열했다. 북측면 지상 1층에는 정면에 유리를 설치한 카페가 운영 중이고 지하층에는 갤러리를 두었다. 카페 한쪽에 놓인 계단을 통해 주거층으로 올라가게 된다. 거실과 그 옆 부엌을 꼭대기 층에 배치한 것에 반해 침실과 화장실은 그보다 아래층에 두었다. 건물은 이 지역의 역사적, 문화적 분위기를 그대로 간직하도록 설계되었다. 북측면의 커다란 창문을 통해 바라보는 북악산과 인왕산의 파노라마 뷰가 일품이다. 주거 공간은 조명이 내장된 빌트인 가구로 구획되었다. 조명 기구는 가구 상부에 설치되어 간접 조명으로 천장을 비춘다. 건축가는 재료 본연의 특성을 강조하면서 지나치게 다양한 재료를 사용하는 것은 피했다.

주한 오만대사관
Embassy of the Sultanate of Oman

다비드 피에르 잘리콩 | 2012

종로구 새문안로3길 9(신문로1가)

지상 6층 규모의 커다란 이 건물은 한국과 오만이 천연 자원 수입과 관련해 중요한 비즈니스 관계임을 잘 보여준다. 모래 색깔의 사암으로 마감한 외벽면과 오만의 성을 닮은 타워부에서 오만 건축의 특징을 볼 수 있다. 비스듬한 유리 지붕은 흉벽이 올라온 사암마감 외벽면 위로 뻗어 나온 형상이다.

가나아트센터
Gana Art Center

장미셸 빌모트 | 1998

종로구 평창30길 28(평창동)

아트 갤러리가 많이 모인 것으로 잘 알려진 조용한 주택가 평창동에 있다. 1983년 가나화랑으로 개관해 600여 개 이상의 근현대 미술 전시회를 열어왔으며, 3개의 전시관과 야외공연장, 레스토랑, 세미나실을 갖췄다. 아트센터의 설계를 맡은 프랑스 건축가 장미셸 빌모트(Jean-Michel Wilmotte)는 특히 미술관과 박물관 프로젝트에서 두각을 나타내며 한국에서 매우 활발하게 활동한다. 건물은 목재 캐노피(canopy)로 위를 덮은 외부 공간으로 둘러싸여 마치 속이 움푹 파인 정육면체 같다. 하얀 석재로 마감한 갤러리 건물 일부를 둘러싸 조성한 중정에는 계단식 목재 관람석이 설치된 사각형의 야외공연장이 있고 아트센터 안 레스토랑도 운영 중이다. 면적 200제곱미터의 제1전시관과 제2전시관, 330제곱미터의 제3전시관은 상설 전시관과 기획 전시관으로 나뉘어 사용된다. 제1전시관에는 작고한 작가들의 작품을 전시해 과거를 기념하고 제2전시관과 제3전시관에는 여러 기획 전시를 여는 동시에 특별 행사 장소로 쓰기도 한다. 2층 야외테라스에는 조각품을 전시한 정원을 두었다. 그 밖에 아트숍은 1층, 세미나실은 3층에 있다.

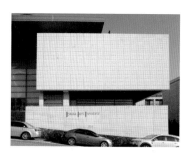

아산정책연구원

**Asan Institute for
Policy Studies**

유걸, 신승현 | 2010

종로구 경희궁1가길 11(신문로2가)

외부를 유리로 마감한 단순한 육면체 형태의 지상 3층 규모 건물이다. 외관의 형태는 대지 위치와 경희궁에 인접해있다는 환경 요인의 결과로 탄생했다. 단순한 외관에 비해 내부는 역동적인 에너지를 뿜어낸다. 출입구 레벨에서 4층 높이까지 뚫린 아트리움이 품은 대담하고 자유로운 형태가 바로 에너지의 근원지이다. 건물 이용객은 언제나 아트리움을 지나쳐야 하기 때문에 건물 안 사람의 움직임은 이곳에 함축되어 담긴다. 아트리움을 한가운데 두면서 자연 환기 기능이 원활히 되는 것은 물론 자연광이 실내로 유입되도록 했다. 자유로운 곡선의 아트리움 골조와 아트리움 주변으로 도는 멀리온이 평평한 바닥판을 지지한다. 공조 설비는 물론 배관과 전선은 레이즈드플로어(raised floor),

또는 악세스플로어(access floor) 아래로 지나가도록 하고 천장은 노출 콘크리트로 마감했다. 건물 로비가 있는 1층에는 갤러리와 카페, 140석 규모의 극장을 두어 사람들에게 개방했다. 방문객은 아트리움브리지를 이용해 건물 꼭대기에 있는 옥상정원으로 올라가 경희궁과 서울의 파노라마 뷰를 감상한다. 자유 형태의 중앙 공간이 강하게 전달하는 디자인적 메시지는 방문객에게 뜻밖의 놀라움을 선사한다.

춘원당한방병원&한방박물관

Choonwondang Oriental Clinic & Museum of Korean Medicine

황두진 | 2008

종로구 돈화문로9길 27(낙원동)

한약으로 유명한 춘원당한의원은 1847년 개원한 뒤 지금까지 7대를 거쳐 이어왔다. 현재 가업을 잇는 한의사 윤영석 원장이 오래도록 내려온 가업의 역사를 기념하기 위해 춘원당한방병원 프로젝트를 시작했다. 새 건물의 춘원당은 '문화 클리닉'을 목표로 운영 중이다. 한방병원 안에는 사무실과 치료실, 탕전실과 연구실, 한의학 강연장과 박물관이 있다. 탕전실은 건물 외관을 유리로 마감해 오가는 사람이 한약 제조 과정을 볼 수 있도록 했다. 이처럼 건축가는 재료 본연의 성질을 강조하는 전통 한국 건축에 현대 건축을 결합해 전통과 현대의 공존이라는 목표를 물리적인 건축물의 형태로 구현해냈다.

금호아시아나 본관

Kumho Asiana Main Tower

삼우종합건축사사무소, NBBJ | 2008

종로구 새문안로 76(신문로1가 115)

타이어, 항공, 물류, 운송, 석유화학 등이 주력 분야인 금호아시아나 그룹의 본사 건물이다. 건축 디자인 측면에서 '부드러운 곡선을 통해 한국의 미를 표현한다'는 디자인 콘셉트를 잘 구현해, 인근에 위치한 아파트와 사무실 건물과 달리 곡선 형태를 자랑한다. 설계는 현상설계를 통해 삼우종합건축사사무소가 맡았으며 이후 미국 로스앤젤레스의 NBBJ(Naramore, Bain, Brady & Johanson)와 협업했다. 그룹 계열사인 아시아나항공의 비행기가 날아가는 모습에서 영감을 얻어 설계를 진행했다. 철골조 건물에 유리로 마감한 건물 외벽에는 4만 2,000개의 LED 전구를 설치해 디지털 미디어 파사드의 역할도 부여했다. 작품 의뢰를 받은 미디어 예술가의 작품은 '대지와 빛'이라는 주제를 가진 이 미디어 파사드에서 상영된다.

국제갤러리 K3

Kukje Gallery K3

SO-IL아키텍츠 | 2012

종로구 삼청로 54(소격동)

서울의 예술 지역인 인사동 뜰 한곳에 국제갤러리 3관인 K3 전시장이 둥지를 틀었다. 갤러리 30주년을 기념하기 위해 건설된 3관은 뉴욕의 SO-IL아키텍츠(SO-IL Architects)에서 설계를 맡았다. 층고가 6미터인 1층은 설치미술 전시 및 공연 공간으로 사용하고 아래 2개 층은 상점과 강연장, 저장고로 쓴다. 건물 주변으로 통로 공간을 만들어 건물은 반듯한 육면체 형태를 그대로 유지하도록 했다. 조도를 조절할 수 있는 천창을 통해 자연광이 실내로 들어온다. 갤러리 외부를 완전히 감싸고 있는 스테인리스스틸 메시(mesh)는 빛이 반사되어 퍼지는 듯한 건물의 윤곽과 무아레 패턴(moiré-patterns)을 만들어낸다. 주문 제작된 이 메시는 51만 개의 스테인리스스틸 고리를 엮어 만들었다.

국립현대미술관 서울관
National Museum of Modern & Contemporary Art, MMCA Seoul

건축사사무소엠피아트,
시아플랜건축사사무소 | 2013
종로구 삼청로 30(소격동)

국립현대미술관 서울관은 지하 3층, 지상 3층 규모의 건물로 2012년까지 울타리, 우리의 줄임말, 서울의 어미 등의 의미를 지닌 '울(UUL)'로 홍보했으나 2013년 개관 후 'MMCA'로 이름을 바꾸었다. 2개의 건물로 구성된 미술관은 옛 국군기무사령부 건물이 있던 대지에 지어졌다. 옛 국군기무사령부는 1928년 일본인이 지은 지상 3층 규모의 건물로 건립 당시 경성의원 부속병원으로 쓰였으며 1950년 육군은 이곳을 본부로 두고

사람들을 고문하기도 했다. 국군기무사령부가 이전한 2008년 옛 건물은 문화재로 등록되고, 이곳을 미술관으로 조성하며 옛 건물을 살린 채 새로운 건물을 옆에 덧붙였다. 전체 전시 면적은 11만 제곱미터로 2개의 고리 안에 중정과 인포박스를 두어 평면상 숫자 8 모양이다. 백색 사각형 상자 모양의 홀은 전시 공간으로 쓰고 인포박스는 불투명 유리로 만들었다. 미술관은 외부에서 내부를 들여다볼 수 있도록 했다. 전시실 1-5는 하나의 전시실로 통합할 수 있다. 뜰에는 퍼포먼스홀과 프로젝트갤러리, 블랙박스, 영화관이 있다. 테라코타 타일로 마감한 새 건물 외부는 옛 국군기무사령부 건물의 벽돌 마감과 비슷한 이미지를 준다. 곡선 형태의 다양한 색을 띠는 테라코타 벽은 빛에 따라 변화무쌍하게 변한다.

아름지기 사옥
Arumjigi Office

김봉렬, 김종규 | 2013
종로구 효자로 17(통의동)

아름지기는 문화유산 보존을 위한 재단법인
으로, 건축가 김봉렬과 김종규의 협업으로
지어진 아름지기 사옥은 '새로운 길을 찾으
면서도 전통을 놓치지 말자'는 이상을 구현
한 건물이다. 경복궁 옆 대로에 다소곳이 선
이 건물의 1층은 노출콘크리트, 2층은 적삼
목, 3층은 불투명 유리의 간결한 매스로 이
루어졌다. 1층의 사무실과 소강당을 지나 2
층으로 들어서면 김봉렬이 구성한 한옥과 마
당을 접하게 된다. 느닷없는 열린 공간의 배
열은 방문자에게 즐거운 충격을 준다. 기단
석처럼 작용하는 1층 옥상은 한옥 마당이자
터가 되며, 가벽 창 너머로 보이는 경복궁은
전통 건축의 차경이 무엇인지를 잘 보여준다.
이 건물은 '전통을 담은 현대의 모습'을 형상
화한다. 1층의 노출콘크리트는 서촌의 오마
주이자 경복궁 담장에 대응하는 방식이다.
공사 중 발굴된 조선 후기 건물터와 담장, 제
방 시설 등의 유구를 복원해 서측 외부 계단
옆으로 옮기고 작은 마당을 두어 또 하나의
지반을 보여주면서, 유구와 현대적 사무 공
간, 한옥으로 이어지는 통시성을 담보한다.

송원아트센터
Songwon Art Center

매스스터디스 | 2012
종로구 윤보선길 75(화동)

한옥이 모여 있는 북촌마을은 자연스레 이
리저리 길이 난 오래전에 조성된 동네로, 인
기 있는 갤러리와 카페가 밀집된 지역이다.
송원아트센터는 주변의 상황을 고려한 디자
인을 선보인다. 북촌 초입에 있는 297제곱
미터의 대지는 불규칙한 형태의 경사진 땅
으로 두 도로가 예각으로 만나는 곳에 있고
두 도로 중 주요 도로가 경사길이다. 그 덕분
에 주변에서 송원아트센터를 단번에 알아볼
수 있다. 대지 크기의 제약으로 건물 용적은
1층 최대 면적의 3분의 2만 지을 수 있게 되
었다. 따라서 대부분의 공간을 지하에 배치
해 3개 층은 지하에, 2개 층은 지상에 두었
다. 지하 1층은 주차장, 지하 2~3층은 전시
공간, 지상 1~2층은 식당으로 운영한다. 지
하 전시 공간으로 이어지는 입구와 계단이
설치된 2개의 삼각형 벽을 필로티로 사용해
건물을 지상에서 띄웠다. 이 두 벽이 모여 피
라미드를 반으로 잘라놓은 듯한 모양을 만들
어 낸다. 경사 지붕을 제외한 지상 건물 외부
는 수평과 수직 요소가 강한 콘크리트패널로
마감해 단단한 외피를 형성한다. 건물은 한

면의 반쪽 피라미드 형태를 만들어내는 코너 구조체와 나머지 한 면의 기울어진 기둥 위에서 균형을 맞춘다. 가까이 가보면 마치 지상에 떠있는 것처럼 보이기도 한다. 단면상으로는 주차장을 사이에 두고 지상의 식당과 지하 전시 공간으로 나뉜다. 건물의 예각 모서리 부분을 지나면 내부를 보여주는 2개의 창문과 마주한다. 곡선의 이음매 없는 창과 지하 공간을 들여다볼 수 있는 삼각형 창이다. 삼각형 창을 오래 들여다보면 19미터인 건물 높이가 실감돼 순간 현기증을 느끼기도 한다. 식당의 벽체는 좁고 긴 수평 창과 작은 창을 제한적으로 배치해 대체로 묵직한 느낌을 준다. 지붕에 난 큰 천창은 철골로 만든 천창 프레임, 구조부, 루버로 3개 층을 이룬다. 이 3개 층은 서로 다른 방향으로 설치돼 내부로 들어오는 자연광을 분산시킨다. 식당과 전시 공간의 천장에 모두 철재 루버 시스템을 적용했다. 전시 공간 바닥은 윤을 낸 콘크리트, 벽은 백색으로 마감했으나 식당은 전체적으로 백색 콘크리트 표면으로 마감했다. 너비가 서로 다른 5개의 메탈 채널을 무작위로, 수직으로 좁게 촘촘히 돌출되도록 배열해 건물 외부에 빙 둘렀다. 수평 요소가 배제된 건물 외관은 마치 하나의 조각으로 주조된 듯한 착각을 주며, 주름진 질감은 변화하는 자연광에 반응한다.

이상의집
Isang's House

이지은 | 2012(증축)
종로구 자하문로7길 18(통인동)

종로구 통인동에 위치한 이상의집은 근대기의 소설가 이상이 세 살부터 스물세 살까지 살았던 집터 일부에 자리한 집을 전위적으로 복원한 프로젝트이다. 이 건물은 그가 실제로 살았던 집은 아니지만 이상과 관련한 기록이 남아 있는 유일한 장소이다. 이런 이유로 2009년 문화유산국민신탁이 첫 보전재산으로 매입했으며, 아름지기가 관리·운영하고 있다. 속칭 서촌이라 불리는 통인동의 대로와 맞닿는 마을버스가 다니는 골목길에 위치한 이상의집은 생활공간으로서의 집의 모습은 거둬내고 집을 지탱하는 구조체만 남긴 뒤 최소한만 손을 대 공간을 구성했다. 현재 이 집은 이상과 관련된 도서를 비치했고 누구나 자유롭게 이용할 수 있도록 개방되어 있다.

영등포구

YEONGDEUNGPO-GU

63빌딩
63 Building

SOM, 박춘명 | 1985
영등포구 63로 50(여의도동)

서울에 있는 고층 빌딩 가운데 가장 유명하고 알아보기 쉬운 건물 중 하나이다. 금괴와 비슷하게 생겨서 '금니'라는 별명이 붙기도 했다. 63빌딩이라는 이름은 이 빌딩이 지상 60층, 지하 3층을 합해 총 63개 층 규모이기에 지어진 것으로 1988년 서울올림픽 개최 시점에 맞춰서 완공되었다. 이 건물은 입지와 높이, 형태의 3가지 측면에서 유명하다고 할 수 있다. 한강을 내려다볼 수 있도록 여의도에서 가장 좋은 자리를 선점했으며, 249미터 높이의 63빌딩은 2003년 높이 256미터의 목동 하이페리온이 완공되기 전까지 한국은 물론 북아메리카를 제외한 지역에서 가장 높은 건물이었다. 무엇보다 현대적 타워를 설계하는 세계적 선두기업 SOM(Skidmore, Owings and Merrill LLP)과 한국 1세대 건축가 박춘명이 공동 설계를 맡아 진행한 간결한 형태의 건축물이라는 점에서 유명하다. 현재는 한화생명 본사로 사용되고 한화투자증권 등 금융기관이 입주해 있다. 58층과 59층에는 레스토랑, 60층에는 아트갤러리와 전망대가 있다. 전망대에서는 날이 맑으면 멀리 인천까지도 보인다. 직사각형 건물은 장변 9베이(bay), 단변 3베이의 평면으로 이루어졌다. 단변 방향인 남측면에 설치된 유리 엘리베이터를 타고 올라가면서 방문객은 도시 경관을 즐길 수 있다. 21층과 38층에 기계실을 설치했고, 빌딩 저층부에는 90여 개의 상점이 입점한 쇼핑몰과 아이맥스관, 아쿠아리움, 컨벤션센터, 연회장 등이 있다. 빌딩 저층부가 고층부보다 더 넓어 전체적으로는 완만한 곡선의 치마 모양 같기두 하다.

LG트윈타워
LG Twin Towers

SOM, 창조종합건축사사무소 | 1987
영등포구 여의대로 128(여의도동)

여의도의 LG트윈타워는 현재 LG그룹 건물로 사용되며 설계는 미국의 SOM이 맡았다. 지상 34층 규모의 타워 2개는 출입구가 있는 건물 기단부에서 모인다. 설계사의 말에 따르면 '단조로운 외관을 피하기 위해' 타워에 베이윈도(baywindow)를 사용하고 평면과 입면상 건물 모서리 부분에 폭포 형태를 구현해 신선한 충격을 주었다.

국회의사당
National Assembly Building

김정수, 이광노, 안영배 | 1975
영등포구 의사당대로 1(여의도동)

한국 정부의 입법 기관인 국회가 있는 곳으로 1975년 준공됐다. 그전까지는 철거된 중앙청과 지금의 서울시의회 건물을 사용했다. 국회의사당은 지상 6층 규모로 24개의 화강석 대열주를 건물 주변으로 세우고 밑지름 64미터의 푸른색 돔을 지붕에 얹었으며 외부는 백색으로 마감했다. 건물 내부는 '로툰다홀(Rotunda Hall)'을 중심으로 양측에 양원 본회의장을 배치했다. 방문자센터도 운영해 여의도 도시 개발의 중추였던 국회의사당 건물 여러 곳에 직접 들어가 구경할 수도 있다. 국회의사당은 시각적으로 인근 지역을 압도하는, 눈에 쉽게 띄는 건물이다. 옆에 흐르는 한강이 건물의 배경이 되어

준다. 벤치가 놓인 한강을 따라 난 도보 구역이 국회의사당 주변을 감싼다. 주변의 벚꽃길 덕분에 봄이 되면 많은 사람이 찾는 명소가 된다.

서울국제금융센터
**International Finance
Center Seoul, IFC Seoul**

아키텍토니카,
빔건축종합건축사사무소 | 2012
영등포구 국제금융로 10(여의도동)

서울국제금융센터는 여의도 금융지구를 '동북아시아의 경제 허브'로 발전시키겠다는 서울시의 노력을 가장 잘 보여주는 건물이다. 마치 모서리 부분을 잘라낸 유리 결정 덩어리처럼 보이기도 한다. 미국 마이애미의 아키텍토니카(Arquitectonica)가 설계를 맡

았다. 면적은 약 50만 제곱미터에 이르며 서울 스카이라인에서 중요한 역할을 맡는다. 날카로운 타워 외곽선이 마치 하늘을 향해 발사될 것 같다. 건물 소유주인 AIG금융그룹은 오피스 타워 3개와 38층 규모의 5성급 호텔, 멀티플렉스 영화관, 푸드코트는 물론 지하에 3층 규모의 쇼핑몰을 의뢰했다. 4개의 타워 중 가장 높은 타워인 제3국제금융센터(3IFC)는 55층 규모로 높이는 279미터에 달하고 2012년까지 서울시에서 가장 높은 건물이었다. 나머지 3개의 타워는 각각 지상 29층, 32층, 38층 규모다. 건물 안 호텔 콘래드서울(Conrad Seoul)은 430여 개의 객실과 볼룸, 콘퍼런스룸을 갖췄다. 오피스 타워는 철골 구조이며 바닥부는 메탈 데크플레이트를 설치하고 그 위에 콘크리트를 타설했다. 코어부는 철근콘크리트 구조이고 상부 기계실 층은 아우트리거트러스(outrigger truss)를 설치했다.

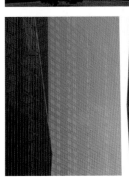

KDB산업은행 본점
Korea Development Bank

DMJM | 2002

영등포구 은행로 14(여의도동)

산업 발전의 가속화로 산업 자금을 공급하고 관리하기 위해 1954년에 설립된 정부 출자 은행인 KDB산업은행의 본점 건물은 여의도 공원 가장자리의 요지에 세워졌다. 은행 앞 도로는 국회의사당으로 이어진다. 미국의 DMJM(Daniel, Mann, Johnson and Mendenhall, 현 AECOM)에서 설계를 맡았다. 이 건물은 크게 다섯 부분으로 나눌 수 있다. 영업장으로 쓰이는 타원 부분, 특별사무실과 회의실이 있는 사다리꼴 부분, 사무 영역의 막대 부분, 중역실이 있는 지붕 부분과 아트리움로 나뉜다. 도로 모서리에 자리 잡고 있는 타원부는 가운데에 물웅덩이를

만들어 한국 특유의 풍경을 연상시킨다. 건물은 효율적이고 유연한 오픈 오피스 공간을 제공한다. 사무 공간이 들어간 유리 마감 사다리꼴 건물에는 둥근 창을 냈다. 사다리꼴 건물 역시 타원부처럼 건축물 안에 떠 있는 한 개체처럼 보인다. 이 건물은 자연광과 주변 경관을 건물 안으로 끌어들여 건물과 공원의 소통을 이끌어낸다. 막대 형태의 건물은 북쪽 가장자리에 세워져 영역을 규정하고 도시의 밀집도를 보여준다. 중역실이 있는 지붕부는 아트리움에 차양으로 기능한다. 캔틸레버로 돌출된 건물부는 타원부를 관통해 올라오는 기둥 하나가 받치고 서 있다. 막대 형태 건물부에서 사다리꼴 형태 건물부까지 이어지는 트러스(truss)가 여의도공원을 향해 캔틸레버로 돌출된 부분의 바닥면을 구성한다. 이 건물은 정부와 민간, 밀집과 공간 사이의 상징적인 다리 역할을 한다.

에스트레뉴

S-Trenue

매스스터디스 | 2009

영등포구 국제금융로2길 37(여의도동)

알파벳 L 모양의 오피스 타워로 사람들이
오가는 타워 기단부와 3개의 타워부로 구
성되었다. 양옆의 타워부가 각기 다른 각도
로 꺾여 중앙 코어부를 잡고 있어 전반적인
형태는 거대한 염색체 같다. '다발 매트릭스
(bundle matrix)' 사이의 공간은 공중 정원
으로 구성했다. 에스트레뉴의 설계 목적은
'수직적 도시성의 창출'에 있으며 전형적인
상자 모양 고층건물 형태의 대안을 제시한다.
덕분에 도로에서 더 잘 보이고 인근 건물과
멀어지며 건물 환경이 개선되었다. 코어타
워는 철근콘크리트 구조, 양쪽 타워는 철골
구조다. 각 실이 외부에 노출된 만큼 접근성

도 좋다. 32개의 다리가 각 타워를 구조적으
로 연결한다. 다리 양쪽에는 발코니와 녹지
정원이 조성되어 있으며 이 공간은 아트리움
정원과 저층부 상업공간까지 연장된다. 연
면적 3만 9,899제곱미터, 높이 154미터로,
5층에서 36층까지는 오피스텔을, 14-15층
에는 구조 보강을 위한 벨트트러스(belt
truss)와 설비실, 기계실이 있다. 32개의 '공
중정원'은 좌우 엇갈리게 배치되었다. 펜트
하우스당 2개의 외부 공간을 제공한다.

타임스퀘어
Times Square

정림건축종합건축사사무소 | 2009
영등포구 영중로 15(영등포동4가)

영등포역 앞에 위치한 대규모 복합 쇼핑몰.
백화점과 호텔, 영화관, 웨딩 컨벤션센터, 대
형 서점, 쇼핑 시설, 체육센터, 아트리움 등
이 여러 동의 대형 건물에 나뉘어 입점한 약
30만 제곱미터의 쇼핑몰이다. 상대적으로
비싸지 않은 부도심의 대지와 여러 필지를
모아 사용자의 편의를 도모하는 시설을 한데
합쳐서 만들어내는 쇼핑몰은 자본주의 사회
의 주요 결과물이라 할 수 있다. 타임스퀘어
는 처음 방문하는 이에게 내부 지도기 쉽게
그려지지 않을 정도이다. 여기에 '머리부터
발끝까지' 단장할 수 있는 스토어와 각종 먹
거리로 가득한 공간을 제공해 이곳에서 종일
이라도 보낼 수 있다. 각 건물의 외부는 상당
히 크고 육중해서 위압감이 느껴진다. 주로
소비를 지향하는 시설의 특성상 동선은 사
람을 적극적으로 안에 끌어들여 미로와 같
은 길로 다니게 한다.

선유도공원
Seonyudo Park

정영선, 조성룡 | 2002
영등포구 선유로 343(양화동)

양화동 선유도에 조성된 선유도공원은 서울
에 있는 가장 유명한 녹지 공간 중 한 곳이다.
선유도는 원래 산업 지역으로 1978년부터
2002년까지 공원이 있는 현 대지에는 선유
정수장이 있었다. 정수장이었던 이곳을 공원
으로 탈바꿈시켜 2002년 다시 대중에게 공
개했다. 정수장 건물로 쓰이던 59개의 콘크
리트 건물은 모두 그대로 남겨두었다. 조경
은 방문객에게 생태계와 생물 서식지를 경
험할 수 있는 체험장이 되도록 서안조경설계

의 정영선이 설계했다. 계절마다 다양한 꽃과 식물을 감상할 수 있는 시간의 정원과 수생 식물원, 환경 물놀이터와 자연 체험장이 있다. 6개의 테마 정원을 좁은 수로를 이용해 연결시키고 버려진 콘크리트 건물을 다시 사용하는 방식으로 정수장 위에 조성했다. 격자무늬의 정원은 각기 다른 높이에 조성되어 계단으로 연결했다. 송수펌프실은 한강전시관으로 바뀌었다. 박물관과 야외극장은 조성룡도시건축의 건축가 조성룡이 설계했다. 녹색 기둥의 정원 안 3개의 저수탱크에서 나온 물은 온실을 거쳐 정수 시스템으로 흘러간다. 옛 침전지는 수생 식물원이 되어 현재 1만 종의 수중 식물이 서식한다. 아치형 나무다리는 프랑스 건축가 루디 리치오티(Rudy Ricciotti)가 설계한 것으로 공원과 본섬을 연결한다.

강남구

GANGNAM-GU

예화랑

Gallery Yeh

운생동건축사사무소 | 2005

강남구 압구정로12길 18(신사동)

예술과 문화, 패션, 디자인의 허브로 잘 알려진 가로수길에 1978년 개관한 예화랑은 국내외 작가의 근현대 미술 작품을 전시해왔다. 운생동건축사사무소에서 설계를 맡아 2005년 신축해 재개관했다. 매년 8~9회 정도 순수미술, 조각, 프린팅, 설치미술 분야 전시회를 연다. 건물은 마치 거대한 도시 '캔버스'이자 실험적 예술 작품 같다. 설계사의 말에 따르면 캔버스는 '공간적 스킨이자 3차원적 매체'이다. 건물을 감싸는 주름진 표면은 스킨스케이프(skinscape)를 형성한다. '공간화된 스킨'은 마치 틈새가 생긴 갑옷처럼 보인다. 그 사이로 숨겨진 층이 보이며 육중한 콘크리트가 한층 가볍게 보인다. 평면상 도로와 수직으로 놓인 좁은 폭의 직사각형 모양으로, 기다란 건물의 입면을 크게 4번 잘라 5조각을 낸 형태를 이룬다. 아래 2개 층은 화랑으로, 그 위는 주택으로 사용한다.

현대아이파크타워

Hyundai I-Park Tower

다니엘 리베스킨트 | 2005
강남구 영동대로 520(삼성동)

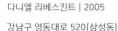

현대아이파크타워는 현대산업개발 본사 건물로 사용된다. 건물 정면부에 설치된 지름 62미터의 거대한 원은 빌딩을 뚫고 하늘로 솟아 있는 알루미늄 막대, 즉 '벡터(vector)'와 함께 인근 거리를 압도하면서 '탄젠트(tangent)'라는 별명으로 불린다. 건축가 다니엘 리베스킨트(Daniel Libeskind)는 건물 정면부에 검정과 붉은색을 사용하고 깊이를 주었다. 도로에서 건물을 바라보면 그래픽 요소와 색상의 조화로운 구성이 빛과 그림자를 연출해 건물에 더 생생하고 깊은 인상을 받게 된다. '벡터'는 도시로의 새로운 방향을 제시하는 땅과 하늘을 사선으로 잇는 조형물이다. 현대아이파크타워 본사 건물은 지하 공간인 공공 광장과 이어지도록 설계되었다. '탄젠트'는 변화하는 자연을 뜻하는 원과 기술을 의미하는 직선 사이의 관계를 이야기한다. 원과 직선의 만남에서 바퀴와 길 사이의 만남을 볼 수 있다. 다니엘 리베스킨트는 '지속 가능한 미래가 공간과 움직임에서 긍정적인 벡터가 될 수 있다는 사실을 보여주기 위해 이와 같은 독특한 이미지를 디자인했다'고 말한다.

탄허대종사기념박물관
Tanheo Memorial Museum

이성관 | 2010

강남구 밤고개로14길 13-51(자곡동)

한국 현대 불교의 대표적 학승인 탄허 스님을 기리기 위해 설립된 박물관이다. 한울건축사사무소의 이성관이 설계한 이 박물관은 한국에서 손에 꼽을 수 있을 정도로 잘 지어진 박물관 중 한 곳이다. 박물관은 전통 사찰을 재해석한 현대 건축물로 지어졌으며 대강당과 학문에 정진할 수 있는 공간을 제공한

다. 108개의 녹슨 철 기둥이 늘어선 출입구 램프는 '백팔번뇌를 녹여내는 수행의 길'을 3차원 공간으로 표현해냈다. 유리판으로 마감한 건물 외벽에는 '금강반야바라밀경(金剛般若波羅密經)' 전문을 새겨 넣었다. 커다란 창을 통해 내부 정원으로 열린 보광명전(寶光明殿)이 있고 그 위로 방산굴(方山窟)이 떠 있다. 나무로 내부를 마감한 방산굴에는 부처상이 아름답게 놓였다. 천창을 통해 안으로 유입되는 자연광이 부처상을 씻어낸다. 나무 바닥과 나무 문, 노출콘크리트 천장, 구리 재질의 디테일이 내부를 압도한다.

밀알학교

Miral School

유걸 | 1997, 2002(증축)

강남구 일원로 90(일원동)

밀알학교는 발달장애아를 위한 특수학교로, 처음 이 학교가 완공될 당시 지역 주민은 자신이 사는 동네에 특수학교가 들어서는 것을 반대했다. 피켓 시위를 벌이고 학교의 전화선을 자르거나 학교 관계자에게 폭행을 가하고 소송을 제기하기도 했다. 주민들은 아이가 되도록 외부의 눈에 띄지 않도록 해달라는 요구 사항을 내걸었다. 따라서 학교는 날씨가 좋지 않은 날에 외부 활동을 할 수 있도록 실내 공간을 3개 층에 걸쳐 조성했다. 각각의 교실에서 교실 앞 넓은 공간을 자유로이 사용할 수 있게 되었다. 경사진 대지 때문에 도로에서 지상층과 2층 모두에 접근할 수 있다. 교실은 서로 평행하지 않은 2줄로 배치되었다. 십자형 경사로는 바닥과 바닥을 잇고 계단과 경사로의 손잡이는 평행선을 강조한다. 압출 알루미늄 시트나 노출콘크리트, 베이스 보드 같은 산업 재료를 건물에 사용했다. 학교의 긴 측면부는 주변 지형의 일부가 되어 들어간다. 건물 곳곳의 철골 부재에는 밝은 색의 옷을 입히고 지붕은 반투명 자재로 마감했다. 2002년 같은 건축가가 다시 한 번 설계를 맡아 증축했다.

트레이드타워
Trade Tower

닛켄셋케이, 원도시건축건축사사무소,
정림건축종합건축사사무소 | 1988
강남구 영동대로 511(삼성동)

지상 54층 규모, 228미터 높이의 한국종합
무역센터 건물은 한국에서 가장 높은 초고층
건물 가운데 하나이다. 1984년 일본의 건축
설계사무소인 닛켄셋케이(日建設計)의 설
계가 현상설계 1위 당선작이 되었다. 반 정
도 무너져 내린 형태를 지닌 이 건물은 거울
로 서로를 비춰보는 듯하다. 층층이 나뉘는
건물 외벽은 단계가 진행되어 나가는 모습처
럼 보이기도 한다. 타워 외벽 거울유리 커튼
월이 각층 바닥부 경계를 가린다. 안에는 한
국무역협회와 관련된 시설뿐 아니라 전시 공
간, 호텔, 도심공항터미널, 백화점, 쇼핑몰
등을 갖췄다.

GS타워
GS Tower

SOM | 1999
강남구 논현로 508(역삼동)

GS강남타워는 한국 대기업 GS그룹이 소유
한 높이 173미터, 지상 38층 규모의 고층 건
물이다. 아트홀, 공연장, 전시장, 오피스, 상
점, 식당, 헬스장, 주차장 등 다양한 용도의
시설을 갖췄다. 전체적으로 상자 형태이며
단변 측면 한 곳의 하단부는 곡선, 상단부는
사선으로 잘린 형태를 보여준다. 타워 외부
커튼월은 수직적 요소를 강조한다.

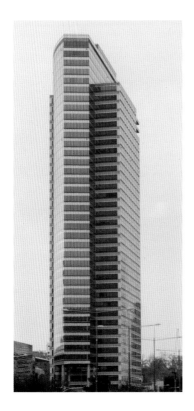

아셈타워
ASEM Tower

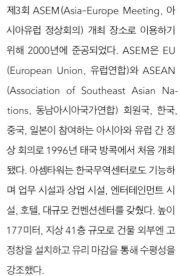

SOM | 2000

강남구 영동대로 517(삼성동)

제3회 ASEM(Asia-Europe Meeting, 아시아유럽 정상회의) 개최 장소로 이용하기 위해 2000년에 준공되었다. ASEM은 EU(European Union, 유럽연합)와 ASEAN(Association of Southeast Asian Nations, 동남아시아국가연합) 회원국, 한국, 중국, 일본이 참여하는 아시아와 유럽 간 정상 회의로 1996년 태국 방콕에서 처음 개최됐다. 아셈타워는 한국무역센터로도 기능하며 업무 시설과 상업 시설, 엔터테인먼트 시설, 호텔, 대규모 컨벤션센터를 갖췄다. 높이 177미터, 지상 41층 규모로 건물 외부엔 고정창을 설치하고 유리 마감을 통해 수평성을 강조했다.

삼성타워팰리스3차 G동
Samsung Tower Palace Three, Tower G

삼우종합건축사사무소, SOM | 2004

강남구 언주로30길 56(도곡동)

지상 73층의 초고층 고급아파트로 세계에서 여덟 번째로 높은 주거 건물이다. 완공 당시 한국에서 가장 높은 건물이었지만 인천 동북아무역타워에 자리를 내주었다. 평면상 타원형 세 동이 하나로 모인 형태를 띤다. 각각의 건물 외곽에 톱니 모양의 구조를 디자인해 재미를 더했다. 이 아파트를 통해 삼성물산은 서울에서 가장 눈에 띄는 주거 지역 중 한 곳에 새로운 디지털 홈 시스템 콘셉트를 선보였다.

LG아트센터
LG Art Center

마샬 스트라발라, SOM | 2000
강남구 논현로 508(역삼동)

GS그룹이 소유한 GS강남타워 안의 LG 아트센터는 미국 건축가 마샬 스트라발라(Marshall Strabala)가 SOM과 일할 때 설계했다. 센터에서는 실내악에서부터 전통 민속공연에 이르는 다양한 공연이 열린다. 1,050석 규모의 홀은 아트갤러리와 상점가, 연회장, 레스토랑, 전시장을 갖춘 복합 시설인 GS강남타워와 밀접하게 소통하는 시설이다. GS강남타워 안에 LG아트센터가 조성되어 지하철 및 주요 도로와 인접하면서 아트센터는 방음 장치가 완비된 공간으로 설계되었다. 객석 아래 로비의 곡선 형태 나무 천장은 악기를 닮아 있다.

까르띠에메종 청담
Cartier Building

다비드 피에르 잘리콩 | 2008
강남구 압구정로 435(청담동)

까르띠에메종 청담은 프랑스 유명 잡화 브랜드 까르띠에의 부티크 건물로 프랑스 건축가 다비드 피에르 잘리콩(David Pierre Jalicon)이 설계했다. 건물 정면부는 톱니무늬 브론즈 그리드로 기하학적 형태를 만들어내는 '천'이 감싸는데, 직사각형이나 기하학적 형태의 천을 모아 기운 한국의 보자기에서 영감을 얻었다. 조각조각의 까르띠에 역사를 모두 모아 하나로 이어 만든 것이다. 도로에서 건물 정면부를 바라보면 중앙 스크린의 물결 문양이 빛을 받아 일렁거린다. 밤이 되면 스크린에 LED조명이 들어오면서 그 효과가 더욱 강해진다.

청하빌딩

Chungha Building

MVRDV | 2013(리모델링)

강남구 압구정로 449(청담동)

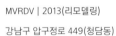

1980년대 지어진 기존 건물의 리모델링 작업과 1개 층 증축 작업을 네덜란드의 건축가 그룹 MVRDV에서 맡았다. 리본을 닮은 곡선 외관이 눈에 띄던 이전 건물은 모니터처럼 '다양한 크기의 창으로 구성된 조형물'로 탈바꿈했다. 지상 5층 규모의 청하빌딩 외벽 전체는 광고 공간으로 설계되었다. 저녁이 되면 창문에 LED조명이 들어오며 분홍빛과 푸른빛을 낸다. 빛나는 백색 하이테크 세라믹 모자이크 타일로 마감한 유기체 형상의 건축물 외관은 거품처럼 보인다. 옥상 테라스에서는 카페를 운영 중이다.

파크하얏트서울

Park Hyatt Hotel

현대건설 | 2005

강남구 테헤란로 606(대치2동)

185개의 객실을 갖춘 지상 24층 규모의 호텔로 유리 마감한 철골조 건물이다. 넓고 모던한 느낌의 객실에는 바닥에서 천장 높이까지 전면창을 설치했고 화장실에는 화강석 욕조를 두었다. 실내는 나무로 마감해 따뜻한 분위기를 자아낸다. 호텔의 출입구는 매우 차분한 분위기다. 투숙객은 작고 조용한 로비가 있는 24층으로 안내되며, 객실은 그 아래에 배치했다. 객실 면적은 최소 35제곱미터로 상당히 큰 편이다. 모든 층마다 상대적으로 적은 개수의 객실이 우아하고 넓은 복도와 연결된다. 객실 대다수가 정면을 향해 건물 앞 커다란 교차로를 내려다보도록 배치되어 있다. 모든 창문은 3.5미터 높이로 객실을 마치 무대처럼 공개해 투숙객은 외부 생활에 자신이 속한 기분이 든다. 화장실을 제외한 객실 모든 곳이 개방됐지만 2개의 전동 차양을 이용해 객실을 어둡게 조절할 수 있다.

앤드뮐미스터부티크
Ann Demeulemeester Boutique

매스스터디스 | 2007
강남구 도산대로45길 10-3(신사동)

매스스터디스의 조민석과 박기수는 벨기에 패션 디자이너의 부티크 건물의 벽면을 식물로 덮어 수직 정원을 연출했다. 건물의 주요면은 토목 섬유에 다년초를 식재한 녹화 벽으로, 다른 3면은 프로필렌수지 마감의 철판으로 마감했다. 지상 1층과 지하에는 부티크를 두었고 그 위로 2개 층 규모의 레스토랑이 운영된다. 건물은 고급 상업 지역 골목에 세워졌다. 자연과 인공, 내부와 외부가 융화되는 공간을 구현했다. 작은 중정 서측에는 출입구가 있고 동측에는 위층으로 이어지는 계단이 있다. 건물 3면을 따라 대나무가 벽을 이루고 서 있다. 부티크 안은 어두운 갈색 콘크리트가 천장을 이루며 모서리에 있는 원형 기둥은 천장면까지 하나로 이어진다. 크고 작은 아치형 개구부가 밖을 향해 나 있다. 동쪽 날개부는 피팅룸과 창고, 화장실 등의 서비스 공간으로 계획했다. 아래 층의 천장 형태가 위층의 레스토랑 공간에 영향을 미치면서 3개 층의 스킵플로어(skip floor)를 구성한다. 최상층에서 후면의 테라스가 연장되어 나오고 옥상 공간은 계단을 통해 접근할 수 있도록 했다. 백색의 좁은 공간은 지하의 숍으로 이어지는 계단으로, 아래로 내려갈수록 점점 커지며 유기적 형태의 공간으로 변해 출입구가 된다. 이 공간은 지하 5.5미터 깊이에 숨은 정원이 되어 외부로 연결된다.

갤러리아백화점
The Galleria Department Store

UN스튜디오 | 2004(리모델링)

강남구 압구정로 343(압구정동)

네덜란드 로테르담 소재의 건축그룹 UN스튜디오(UN Studio)에서 기존 갤러리아백화점 리모델링 작업을 맡았다. 새롭게 탄생한 갤러리아백화점은 변화무쌍하고 활기 넘치는 외관을 선보인다. 건물 외벽에 무지개색 호일로 처리한 유리디스크 총 4,330개를 설치했다. 유리디스크는 낮에는 자개 느낌을 내고 밤에는 유리디스크마다 LED조명이 들어오며 벽면에 미디어 기능을 구현해 다양한 효과를 뽐낸다. 백화점 내부 역시 리모델링 작업을 거쳤다.

메종에르메스 도산파크
Maison Hermès Dosan Park

레나 뒤마 | 2006

강남구 도산대로45길 7(신사동)

1972년 프랑스 파리에 설계 사무소를 열어 활동한 그리스 출신 건축가 레나 뒤마(Rena Dumas)가 설계를 맡아 도산공원의 에르메스 매장을 포함한 모든 에르메스 매장을 설계했다. 메종에르메스 도산파크는 지하 4층, 지상 7층 규모의 건물로, 4개의 도로로 둘러싸인 사각형 대지에 단독으로 서 있다. 정면부를 유리로 마감하고 그 위에 금빛 줄무늬가 인상적인 실크스크린을 덮어 반짝이며 빛난다. 아트리움은 건물 중앙에 배치했으며 1층 북카페, 1-3층 매장, 지하 1층 전시실은 일반인이 이용할 수 있다. 건물 안 모든 층

은 백색의 반원형 계단으로 이어진다. 미국 출신 예술가이자 디자이너인 힐튼 맥코니코(Hilton McConnico)가 뮤지엄 '프롬나드(Promenade)'를 설계했다. 이전에는 1층에 일반인에게 개방한 박물관을 두고 에밀 에르메스(Emile Hermés)가 1923년부터 모아온 컬렉션 중 일부를 소장했으나 2014년 리노베이션으로 박물관이 없어지고 북카페가 자리했다. '아틀리에 에르메스'라 불리는 지하 1층의 전시 공간은 국내외 작가의 현대 예술 작품을 전시하고 레스토랑은 회색과 백색이 어우러진 현대적인 감각의 인테리어를 선보인다. 건물은 정육면체의 건물 일부를 잘라내어 코트와 정원을 만든 형태를 띠며 이 중 정원 하나는 도산공원을 향해 열려 있다. 가로로 긴 형태의 구멍을 2개 내어 만든 테라스 중 하나는 완전히 개방해 공원을 내려다볼 수 있도록 하고, 나머지 하나는 덮어 도시를 향하도록 했다. 솔리드(solid)와 보이드(void)로 이루어진 건물은 내부로 자연광을 끌어들이며 부피감을 통일했다. 다리와 테라스가 있는 '프롬나드'는 모든 건물 안 시설과 연결된다. 건물 외벽은 강화유리에 미세한 가로선이 프린트된 실크스크린 스킨과 금색 구리로 마감한 스킨으로 이중 외피를 입히고, 건물 내부 스킨은 하얀 스크린이 프린팅된 유리로 마감했다. 이런 이중 마감을 통해 내부 프라이버시를 지키면서 여전히 외부를 볼 수 있다. 서측 외벽은 프랑스산 진홍색 석재, 바닥재는 포르투갈산 석재로 마감했고 내부 가구는 유럽산 체리나무를 사용했다.

M+빌딩
M+Building

조한 | 2009

강남구 언주로126길 32(논현동)

M+빌딩은 고층 빌딩과 저층 주택이 상반된 모습으로 공존하는 강남의 경계 지역에 세워졌다. 건물은 자연과의 시각적 통로를 밝혀내고 대지 안에 이를 끌어들이려 고군분투하고 있다. 한디자인(HAHN Design)의 건축가 조한은 건물을 4층 공간 안에 '마당이 있는 주택을 짓기 위한 3차원 퍼즐'로 바라보았다. 피난 계단을 코어부에서 떼어내, 녹색 식물이 자라나는 건물 내외부의 다양한 보이드 공간을 이어주는 수직적 열린 공간으로 재탄생시켰다. 이 수직적 열린 공간에는 선큰가든, 2층 중정, 4층 테라스, 옥상정원을 두었다. 이런 수직 정원은 사용자 사이는 물론 사람과 자연 사이에도 새로운 관계를 만든다. 선큰가든(sunken garden) 상부 필로티로 띄어진 건물 모서리에서 M+빌딩과 도시 사이의 새로운 관계를 찾아볼 수 있다.

글라스타워
The Glass Tower

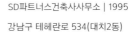

SD파트너스건축사사무소 | 1995

강남구 테헤란로 534(대치2동)

SD파트너스건축사사무소가 설계를 맡은 글라스타워는 강남의 랜드마크로 자리매김했다. 지상 32층 규모의 빌딩 안에서 바라보는 경관을 최대화하기 위해 코어부는 측면에 설치했다. 완만한 곡선을 이루는 정면은 유리와 알루미늄 패널로 벽면을 수평 분할해 건물의 부피감을 더욱 강조했다. 후면은 직사각형 형태로 설계해 바닥 평면을 위한 틀을 제공했다. 양쪽 원통형 부분은 각 층의 전망을 최대한 확보하면서 건물 전후면과 조화를 이룬다. 녹색이 건물 외관의 주조색으로 쓰였다.

호림아트센터
Horim Art Center

테제건축사사무소 | 2008

강남구 도산대로 317(신사동)

호림아트센터는 성보문화재단의 신사 분관으로 테제건축사사무소에서 설계를 맡았다. 아트센터는 3개의 건물이 어우러져 하나의 아트센터를 구성한다. 신사 분관과 작은 정원을 사이에 두고 서 있는 사무동과 서비스 시설동으로 나뉜다. 도자기의 모습을 형상화한 신사 분관과 빗살무늬 토기를 형상화한 사무동, 이 둘을 잇는 직선형의 서비스 시설동이 있다. 단독으로 서 있는 벽이 건물 외벽에 더해지며 방문객을 미술관으로 안내하고 가려진 공간을 연출한다. 사무동의 구리빛 알루미늄 외벽 위로 어두운 색의 좁은 유리창이 자유롭게 배열됐다. 미술관 자체는 대리석으로 마감했다. 건물 안은 2층에서 4층까지 배치된 전시실과 함께 숍과 라운지도 운영하고 있다.

DB금융센터
DB Finance Building

KPF, 도시예일종합건축사사무소 | 2002

강남구 테헤란로 432(대치동)

지상 35층 규모의 DB그룹 본사 건물로 강남의 평범한 타워가 늘어선 테헤란로에 건설되었다. 매스가 포개지는 디자인은 천 조각을 대어 만든 한국 수공예품인 조각보에서 영감을 얻었다. 미국의 건축 설계업체인 KPF가 설계를 맡았다. 대각선으로 접힌 커튼월은 강한 건축 메시지를 전하고자 했던 건축주의 요구 사항을 만족시켰다. 건물 북측면에는 분리된 여러 영역이 비스듬하게 모였다. 스테인리스스틸로 모서리를 마감한 커튼월 경사 모서리가 있는 동측면이 더 눈에 잘 띈다. 북측과 남측의 유리면은 빛을 반사하고 동측과 서측의 유리면은 투명하다. 출입구는 건물 모서리에 배치했다. 주 출입구에는 선큰가든을 지나 측면에서 동측벽을 관통하는 다리가 있다. 조각보 무늬의 질감이 느껴지는 유리벽은 출입구와 도로 사이의 이질감을 줄여주며 다리와 로비는 북측으로 배치했다. 조망 측면에서는 한강과 테헤란로, 유적지가 보이는 북측 주요 전망을 살리도록 설계했다.

폴스미스 플래그십스토어
Paul Smith Flagship Store

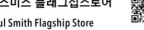

김찬중 | 2011

강남구 도산대로45길 16-9(신사동)

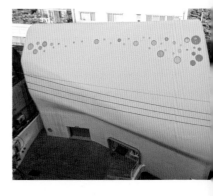

영국 유명 남성 패션 브랜드인 폴스미스 (Paul Smith)의 플래그십스토어 표면은 매끈한 조약돌이나 녹아내리는 빙하처럼 보인다. 범상치 않은 유기적 형태의 건물은 법적

용적률과 '규정되지 않은 빌딩'이라는 건축가의 의도가 빚어낸 결과라고 할 수 있다. 더 시스템랩의 건축가 김찬중은 CNC(computer numerical control) 공작기계를 이용해 스티로폼 블록을 잘라 콘크리트 벽의 거푸집으로 사용했다. 백색의 건물 외벽은 밝고 컬러풀한 폴스미스 패션과 대조를 이룬다. 하지만 스토어 안은 폴스미스의 상징인 줄무늬와 몇 가지 색으로 마감했다. 상부 층의 사무실은 일반 나무로 바닥을 마감하고 경사 지붕에 원형 창을 배열했으며 하부층은 진입 광장을 잘라내 지하층까지 자연광을 끌어들인다. 장식 철제 손잡이가 달린 중앙 계단이 각 층을 나선형으로 돌며 연결한다.

포스틸타워

Posteel Tower

KPF | 2003

강남구 테헤란로 134(역삼동)

서울의 금융거리인 테헤란로에 세워진 포스틸타워는 대규모 스틸플레이트 제조사인 포스틸의 본사 건물로, 회사는 설계 단계에서 타워를 회사 생산 제품의 아이콘으로 해석했다. 메탈플레이트의 특성을 고려해 창문을 내도록 형상을 접어 만든 플레이트 등 다양한 형태의 플레이트가 타워 건설에 쓰였다. 다양한 삼각형 플레이트를 사용해 25층 높이까지 물결치며 올라가는 역동적인 구성을 만들어낸다. 네 면의 건물 외관은 각각의 대지 상태를 고려해서 설계했다. 테헤란로에 접한 건물 북측면은 스트리트월 기능을 강화하는 동시에 사람들의 시선을 건물에서 가장 역동적인 부분인 모서리 출입구로 가도록 했다. 동측면은 대각선으로 난 브레이싱(bracing)이 눈에 띈다. 대지 주변을 에워싸는 석재벽이 건물을 단단하게 잡아주는 시각적 무게감을 선사한다. 타워 아래에 위치한 공공 공간은 사람들이 쉽게 접근할 수 있도록 했고 로비와 전시 공간, 강당은 에스컬레이터로 연결된다.

엔씨소프트빌딩
NC SOFT R&D Center

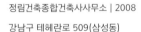

정림건축종합건축사사무소 | 2008
강남구 테헤란로 509(삼성동)

컴퓨터 게임 소프트웨어 회사인 엔씨소프트는 1997년 초창기 멤버 10명으로 시작했다. 1998년 처음으로 발표한 온라인 게임이 아시아 전역에서 크게 성공하며 이후 대규모 국제 기업으로 성장해 10개 이상의 개발부서와 중국, 대만, 일본, 유럽, 북미 지역에도 지사가 운영된다. 3,000여명의 직원 중 1,800여명의 직원이 강남 사옥으로 옮겨왔고 현재는 2013년 건설한 판교 신사옥으로 본사가 이전한 상태다. 강남의 엔씨소프트빌딩 안을 보면, 라운지가 있는 대규모 로비에는 물이 흐르고 내부 인테리어는 식물로 꾸몄다. 또 1층 홀에는 회사 제품을 홍보하는 공간이 따로 마련됐으며 최상층 옥상 정원에는 카페가 있다. 그 외에 200명의 어린이를 수용할 수 있는 어린이집과 피트니스센터, 레크리에이션룸, 대규모 도서관 등의 편의 시설을 두어 직원의 사기를 높인다.

푸르지오밸리
Prugio Valley

운생동건축사사무소 | 2008
강남구 영동대로 337(대치동)

지금의 푸르지오밸리, 옛 '크링복합문화공간(Kring Kumho Culture Complex)'을 의뢰했던 건축주는 금호건설이다. 이목을 끄

는 외관의 크링은 도심 속 조각품처럼 보인다. 철골조 건물 외부에는 원형으로 오려낸 듯한 각기 다른 크기의 무늬가 새겨져 있다. 마치 물방울이 퍼져나가거나 스피커가 진동하는 모습처럼 보이기도 하는 무늬의 외관은 여러 겹의 외피가 벗겨진 듯 보여서 건물 외벽면이 굉장히 두꺼운 양 표현되었다. 건물 외부 벽면과 내부 벽면 사이에는 정원을 두었다. 순백색의 내부 공간에는 원통형의 유리관을 설치하고 큰 로비 위에 회의실을 배치했다. 백색 양각을 한 장식이 유리 붓꽃의 틀이 된다. 내부벽을 향해 빛을 발산하는 사무실을 뒤로 배치하고 1층과 카페, 콘퍼러스룸 로비는 3개의 경사로로 연결했다. 서스펜디드 우드천장과 우드벽으로 마감한 유리 회의실이 6개로 12개의 원형 회전 의자가 있다. 마지막 층에는 긴 물결 모양 데크가 있다.

어반하이브빌딩

Urban Hive Building

김인철 | 2008

강남구 강남대로 476(논현동)

건축설계사무소 아르키움의 김인철이 설계한 어반하이브빌딩은 지상 17층 규모, 높이 70미터에 달하는 직육면체 벌집 모양 노출 콘크리트 빌딩으로 강남 주요 도로와 마주한다. 구멍 난 콘크리트 외벽면은 혁신적인 시공 기술을 통해 실현되었다. 철골조 건물 외벽면은 일정한 간격으로 격자무늬를 만드는 것처럼 원형의 철근콘크리트 셀을 서로 맞물리게 배열했다. 콘크리트 외피는 두께 40센티미터, 지름 1미터의 셀 1,300개 이상이 각자 모여 구멍 난 외벽을 만들어낸다. 셀들은 일정한 패턴을 그리며 건물을 가로질러 흘러가 콘크리트의 시각적 무게감을 덜어준다. 원형 디테일이 단일체의 간결함을 강하게 표현한다. 콘크리트는 밀도, 혼합물, 강도, 색소 측면에서 안정성을 갖기 위해 실제 열세 번의 모의실험을 거쳐 시공되었다. 콘크리트를 배합하고 다지고 양생하고 표면을 갈아내는 작업 이후, 추위와 더위, 물과 산을 견디는 약품으로 표면 처리를 했다. 벌집 외벽면은 외벽 재료를 최소화하는 동시에 표면적은 늘린다. 평면상 안에 기둥이 없는 구조로 공간을 유연하게 쓰도록 설계되었다. 구조 셀과 분리된 내부 글라스 스크린이 실내 환경을 쾌적하게 유지한다. 원형 셀이 있는 외벽면은 거름층이자 주변 경관의 틀이며 내부로 빛을 끌어들이는 역할도 한다. 콘크리트 외피와 유리 벽면 사이에는 복도를 배치했다. 지하 4층은 인근 지하철역과 바로 연결된다.

터의 주요 전시실이 있다. 전시실은 아래위 2개 층으로 나뉘어 좁은 계단으로 연결되고 계단 벽면도 아트스크린으로 사용한다. 천장 주변부를 따라 설치된 라이트박스가 1층과 2층의 전시 공간을 밝힌다. 백색의 미니멀한 이 전시실은 예술 작품에만 집중하는 공간이다. 거친 진회색 석재로 마감한 건물 외벽에 설치된 대형 철제문이 눈에 띈다. 메탈 프레임 창 너머 벽에 걸린 주요 예술 작품이 최대한 돋보이도록 모든 창문은 건물 후면으로 배치했다. 특히 밤에는 연회색 금속판틀로 둘러싸인 벽에 걸린 예술 작품이 간접 조명을 받으며 은은하게 빛난다. 1층 계단이 있는 큰 벽 뒤의 전시 공간은 천장 안에 설치된 조명으로 내부를 밝힌다. 천장 레일에 달린 조광 시스템의 간접 조명과 스포트라이트는 예술가들의 각기 다른 취향과 스타일에 맞게 유연한 공간을 연출한다. 길고 좁은 계단을 따라 2층으로 올라가면 사무실과 또 다른 전시 공간을 만나게 된다. 모서리를 잘라낸 건물 남서쪽에는 건물 외벽이 잘린 모서리 너머까지 뻗어 나왔다.

313아트프로젝트
313 Art Project

보이드플래닝 | 2010

강남구 도산대로 313(신사동)

석재로 마감한 미술관 건물로 딱 하나 거대하게 뚫려 있는 메탈 프레임 창이 인상적이다. 1층에는 큰 판유리로 틀을 잡은 높이 6미

네이처포엠빌딩
Nature Poem Building

조민석, 박기수 | 2005

강남구 압구정로 461(청담동)

지상 6층 규모의 네이처포엠빌딩, 일명 스킵트매트릭스(Skipped Matrix)는 중정을 중심으로 설계되어 저층부에는 상업공간을, 4층부터 6층까지는 오피스텔을 배치했다. 주요 도로를 마주한 유닛들은 입면상 서로 1.5미터 높이 차이가 나며 스킵플로어 형식을 가지게 된다. 최상부에 위치한 각각의 유닛은 개인적인 야외 공간을 갖췄다. 반반사유리 이중외피로 마감한 외부는 단순한 직사각형 상자 같은 모습을 보여주면서 복잡한 내부 구조와 대조를 이룬다. 각기 다른 14가지 유형의 개인 유닛이 총 34개 있으며 이중 15개 유닛이 개별 야외 공간을 포함한다.

플래툰 쿤스트할레
Platoon Kunsthalle

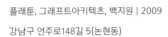

플래툰, 그래프트아키텍츠, 백지원 | 2009
강남구 언주로148길 5(논현동)

플래툰 쿤스트할레는 플래툰, 그래프트아키
텍츠(Graft Architects), 백지원이 함께 설
계한 '비주류 문화 운동'의 아지트이다. 플래
툰 유럽 본부는 2000년 독일 베를린에서 설
립되었다. 쿤스트할레 서울에서는 길거리
예술, 그래픽 디자인, 패션, 비디오 아트, 프
로그래밍, 음악, 클럽 문화, 정치 운동 등의
분야에 종사하는 창의적인 사고를 가진 사
람 3,500여 명과 함께 문화와 소통 프로젝
트를 진행한다. 플래툰 쿤스트할레는 28개
의 화물용 컨테이너를 연결해 만들었다. '세
계화된 문화 속 유연한 건축물의 아이콘'으
로서 언제 어디서나 컨테이너를 쌓아 건축물
을 세울 수 있는 것이다. 부촌인 청담동에 있
는 이 건물은 하위문화 공간으로서 부티크,
갤러리, 고급 상점이 즐비한 주변 건물과 대
립하며 서로 다른 두 세계 사이의 긴장을 유
발한다. 쿤스트할레는 예술가를 위한 쇼케
이스, 작업실, 최첨단 무대 공연, 전시회, 무
비 나이트, 콘서트, 멀티미디어 공연, 워크숍,
토론회 등 다양한 목적에 걸맞은 공간을 제
공한다. 4개의 '쇼케이스'에서는 매달 예술
작품을 선보인다.

강남지웰홈스

Gangnam G-well Homes

JDS아키텍츠,
정림건축종합건축사사무소 | 2013
강남구 자곡로 204-5(자곡동)

보금자리 개발 지구에 건설된 이 주거형 오피스텔 건물은 조밀하게 설계된 아파트먼트로 오피스와 호텔이 융합됐다. 벨기에와 덴마크의 JDS아키텍츠(Julien De Smedt Architects)에서 설계를 맡은 지상 10층 규모의 건물로 평면상 알파벳 S자 형태를 띤다. 건물 안에는 상점과 생활 편의 시설, 면적 25제곱미터의 1인 소형 주택 700여 개가 있다. 대지 안 언덕은 중요한 랜드마크 요소로 작용하며 건물 안 중정은 언덕을 향해 열려 있다. 도로 면에 접하는 방향에는 각각의 주택이 방향을 틀어 독립적인 테라스 공간을 확보한다. 방향을 틀어 테라스를 만든 건물 외벽은 이 오피스텔 건물만의 독자성을 만들어냈고 이웃 사이의 원활한 소통은 물론 건물 안 공동체 의식을 강화하는 역할을 한다.

서울무역전시컨벤션센터

Seoul Trade Exhibition & Convention, SETEC

삼우종합건축사사무소 | 1999

강남구 남부순환로 3104(대치동)

2006년에 개관한 서울무역전시컨벤션센터(이하 세텍)는 서울시 신성장동력산업 및 정착사업 관련 전문 전시 컨벤션 시설로 서울산업통상진흥원(Seoul Business Agency, SBA)이 운영하고 있다. 지하철 3호선 학여울역에 입지한 세텍의 건축 연면적은 1만 5,630제곱미터 규모로 총 3개의 전시실과 5개의 회의장으로 구성되어 있으며 국제회의장, 컨벤션홀 2개, 중회의실을 갖추어 각종 국제회의·세미나 등의 행사 개최뿐 아니라 전문전시회, 박람회, 각종 이벤트를 비롯한 중·소규모 회의 운영이 가능하다. 전시 사업 활성화를 통해 중소기업의 해외 시장 진출과 수출 증대를 지원하고, 날로 증가하는 국내 전시 수요를 적극 수용한다는 취지 아래 1997년 12월 무역 전문 전시장 건립계획이 확정된 뒤, 옛 산업자원부와 서울특별시의 협조를 얻어 1999년 5월 대한무역투자진흥공사(Korea Trade-Investment Promotion Agency, KOTRA)가 서울무역전시장으로 설립·개관하고, 2005년 10월 서울산업통상진흥원이 인수한 뒤 2006년 4월 컨벤션센터를 개관하면서 현재의 이름으로 변경했다. 국제 수준의 전시 시설과 운영 체계를 갖추고 전시회의 특성과 규모에 따라 사용할 수 있도록 설계되어 다양한 형태의 전시회 개최가 가능하다. 한국의 전통미와 기능성을 살린 실내 장식은 관람객에게 한국 조형의 아름다움을 알리는 동시에 휴식 공간도 제공한다.

관악구

GWANAK-GU

서울대학교 미술관
Museum of Art, MoA at SNU

렘 콜하스 | 2005

관악구 관악로 1 서울대학교(신림동)

서울대학교 입구에 세워진 미술관 건물은 아카데미 공간과 외부의 연결 고리 역할을 하도록 설계되었다. OMA의 렘 콜하스가 설계한 이 미술관은 건물을 캔틸레버로 돌출시키고 비스듬하게 분절시키면서 상부가 덮인 광장을 조성했다. 미술관 하부 후면은 새로운 캠퍼스 입구와 연결되고 공중에 뜬 상부는 동선과 지형에 맞게 조정되었다. 콘크리트 코어부 위에 캔틸레버로 돌출된 철골조

를 외피로 씌운 형태이다. 내부 동선은 둘로 갈라지며 안으로 감아 들어간다. 건물 안은 전시 공간, 교육 공간, 도서관, 사무 공간 이렇게 넷으로 나뉜다. 교육 공간에는 강의실과 강연장이 있고 경사진 지형에 맞춘 계단식 강의석을 설치했다. 도서관은 건물의 중앙인 구조 코어부에 배치됐다. 주변 동선과 중앙 동선은 2개의 나선형 고리를 만들어낸다. 최상층의 전시 공간은 경사로를 통해 아래층의 교육 공간으로 확장이 가능하게 설계됐다. 하나의 매스로 존재하는 이 건물은 특정 대지를 향해 골조를 그대로 드러낸다. 투명 창과 불투명 건물 외벽 뒤의 철재 트러스가 시각적으로 노출되며 입면을 지배한다.

서울대학교
규장각 한국학연구원
Kyujanggak Institute for
Korean Studies at SNU

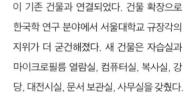

이광노 | 1989, 2004(증축)

관악구 관악로 1 서울대학교(신림동)

서울대학교 규장각은 조선 시대 왕실 도서관이었던 규장각의 고서와 고문서를 보관하는 도서관이자 기록 보관소이다. 선조들은 이곳에서 과거의 선례를 찾아 백성을 다스릴 방법을 참고하곤 했다. 그래서 보관한 문서 대부분이 통치 방식을 참고하기 위해 수집한 책이다. 보관 문서로는 6,000여 개의 고도서, 1만 7,000여 개의 목판, 5만여 개의 고문서는 물론 역사서, 백과사전, 사전, 지도, 왕과 학자가 수집한 자료를 포함한다. 서울대학교 규장각은 조선 시대부터 내려오는 방대한 양의 공식 기록을 보관한다는 자부심이 강한 곳이다. 무애건축사무소의 건축가 이광노가 설계한 건물은 필로티 위에 세워져 전통 모양의 지붕을 머리에 얹었으며 중간부는 현대적인 오피스 건물 외관을 띤다. 안에는 직원과 학자를 위한 사무실, 한국학에 관한 현대 자료를 보관하는 개가식 서가, 층고가 높은 자습실이 있다. 또 다른 층에는 고서적과 목판 보관소가 있다. 2004년 새로 지은 건물

이 기존 건물과 연결되었다. 건물 확장으로 한국학 연구 분야에서 서울대학교 규장각의 지위가 더 굳건해졌다. 새 건물은 자습실과 마이크로필름 열람실, 컴퓨터실, 복사실, 강당, 대전시실, 문서 보관실, 사무실을 갖췄다.

서울대/포스코 스포츠센터
SNU/POSCO Sports Center

포스-에이씨종합감리건축사사무소,
아오야마스튜디오 | 2001

관악구 관악로 1 서울대학교(신림동)

5층 규모로 총 바닥 면적은 6,900제곱미터이다. 안에는 PT체련장, 수영장, 스쿼시·라켓볼 코트, 골프장, 다목적 체련장, 탈의실, 샤워장이 갖춰져 있다. 메탈 튜브 형태 건물 양 측면은 타원형으로 유리 마감했다.

서울대학교 중앙도서관
Seoul National University
Library

이승우 | 1974

유태용 | 2014(증축)

관악구 관악로 1 서울대학교(신림동)

서울대학교 중앙도서관은 거대한 관악 캠퍼스에서 가장 중앙에 위치한다는 상징적 의미만으로도 중앙도서관이라 불릴 자격이 있다. 도서관 양쪽에는 인문대학과 공과대학이 있고 그 중간에 '아크로폴리스'라는 광장이 존재한다. 도서관 측면에 있는 이 광장은

3면이 도서관, 학생회관, 행정관에 둘러싸
였다. 1층에는 통로 하나가 도서관을 관통한
다. 평면상 도서관은 단순한 직사각형 상자
모양 건물로, 노출콘크리트로 마감한 외벽
에는 리본윈도(ribbon-window)가 배열됐
다. 노출콘크리트 건물 외벽은 1970년대 전

세계적으로 캠퍼스 건물에 적용된 브루탈리
즘(Brutalism) 건물의 전형을 보여준다. 커
다란 차양을 이용해 출입구를 강조했고 창문
틀 주변으로 패널이 돌출됐다. 2014년 테제
건축사사무소 대표 유태용 건축가의 설계로
관정관이 증축되었다.

서초구

SEOCHO-GU

예술의전당
Seoul Arts Center

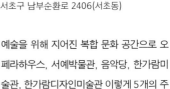

김석철 | 1993

서초구 남부순환로 2406(서초동)

예술을 위해 지어진 복합 문화 공간으로 오페라하우스, 서예박물관, 음악당, 한가람미술관, 한가람디자인미술관 이렇게 5개의 주요 건물로 이루어졌다. 매년 280만 명의 관람객이 예술의전당을 방문하고 전속 단체로 국립오페라단, 국립교향악단, 국립현대무용단, 국립합창단이 속해 있다. 예술의전당 한가운데에 세워진 오페라하우스의 모양은 조선 시대 남자가 쓰던 '갓'과 비슷하다. 지붕은 중앙부가 불쑥 올라오고, 처마는 한국 목조 건축에서 찾아볼 수 있는 서까래의 형태를 가져왔다. 원형 아트리움 주변으로 극장이 배치됐다. 2,200여 석의 객석을 갖춘 오페라극장은 오페라, 발레, 한국 전통 창극, 현대 무용, 뮤지컬 등을 공연하는 전용 공연장

이다. 고전식 말굽형의 극장에는 프로시니엄아치(proscenium arch) 형태의 무대를 설치했다. 오페라극장보다 규모가 작은 토월극장은 1,000여 석의 객석을 갖췄으며 프로시니엄아치 무대를 설치해 연극 등의 공연을 연다. 세 번째 극장은 무대와 객석 사이의 경계가 유연한 자유 소극장으로 실험적이고 전위적인 공연을 통해 공연자와 관객 사이의 친밀한 관계를 구현한다. 전통 부채 모양 지붕을 가진 음악당은 3개 층에 걸쳐 3,400명 이상의 관객을 수용할 수 있다. 음악당 안의 콘서트홀과 리사이틀홀, 챔버홀은 긴 로비를 통해 이어진다. 354석 규모의 2층 객석으로 이루어진 리사이틀홀은 개인 독주회, 실내악, 실험적인 현대 음악 등의 연주회에 적합하다. 콘서트홀은 2,523석 규모에 3개 층에 걸쳐 조성했으며 음향 시설이 잘 갖춰진 공연장으로 호평 받고, 챔버홀은 600석의 객석을 갖췄다. 예술의전당 동측에 있는 한가람미술관은 현대 미술의 중심 역할

을 수행한다. 1층과 2층이 연결돼 주요 작품을 전시할 수 있도록 했다. 6개의 전시실 모두 큰 천창을 통해 내부로 자연광을 끌어들인다. 한가람미술관과 한가람디자인미술관 사이에 오페라하우스가 있다. 서예박물관은 세계 최초로 건립된 서예 전용 전시관으로 10개의 전시실을 갖췄다. 아치형 천장이 박물관 외관을 지배하는 가운데 2층과 3층에 정원을 조성했다.

부띠크모나코
Boutique Monaco

매스스터디스 | 2008

서초구 서초대로 397(서초동)

부띠크모나코는 지상 27층 규모의 오피스텔 건물이다. 육면체 상자 건물을 밀고 눌러 15 개의 실종된 공간을 만들며 다양한 매스를 형성한다. 건물 설계는 매스스터디스의 건축가 조민석이 맡았다. 실종된 공간은 녹색 공간으로 조성되는 동시에 개인적인 공간으로 접근하는 경로가 된다. 부띠크모나코는 공간 배치를 각기 달리 해 다양한 유닛을 만들어낸다. 저층부에는 상업, 문화, 커뮤니티 공간, 상층부 5-27층까지는 오피스텔을 배치했다. 대지의 최대 허용 건폐율 40퍼센트와 최적의 채광 조건인 남향을 만족하기 위해 평면상 U자 형태로 계획해 100미터 높이까지 건물을 올렸다. 만약 이 평면이 단순히 수직적으로 반복되면 건물의 연면적이 법적 허용치를 초과하기에 체적 감소를 위해 15 개의 실종된 매트릭스를 도입한 것이다. 건

아쿠아아트육교
Aqua Art Bridge

다비드 피에르 잘리콩 | 2004

예술의전당 인근(서초동)

아쿠아아트육교는 다리 중간에 설치한 원형 유리판 위로 물이 흘러내려 폭포를 연출한다. 육교는 서울의 동과 서를 잇는 6차선 도로 위를 가로지르며 그 외관이 환하게 빛난다. 폭 4미터, 길이 75미터의 육교 위로 설치된 지름 28미터 원형 유리판이 특징이다. 이 원형 유리판을 타고 물이 흘러내려 육교 아래 분수로 떨어진다. 이밖에도 유리판은 스크린이 되어 정보 영상은 물론 예술 작품 영상도 상영한다. 이 육교의 위치를 정하기 위해 다비드 피에르 잘리콩은 풍수를 공부하기도 했다. 우면산 기슭에 자리 잡은 이 육교는 문화 무대로 들어서는 '게이트' 역할을 수행하도록 계획되었으며 산에서 오는 기(氣)를 분산시키는 역할도 한다. 바닥은 강철 케이블로 고정하고 양쪽 끝 계단은 대각선 강관으로 지지한다.

누에다리
Silkworm Bridge

테마환경디자인, 서영엔지니어링 | 2009

서초구 반포대로(반포동)

지름 7.8미터, 길이 40미터에 달하는 이 거대한 원통형 구조물은 주요 내부순환로를 가로지른 보도교로 건설되었다. '그린아트' 보도교는 서초경찰서와 서울성모병원 사이의 두 공원을 연결한다. 누에다리라고 불리는 만큼 육교는 누에와 닮아 있다. 원통형의 몸체와 몸체를 감싸는 그물 형태 구조물에서 누에와 누에를 감싼 명주실이 연상된다.

물 표면적과 모서리가 늘어나면서 채광과 전망은 더 좋아졌다. 각기 다른 49가지 유형의 유닛 172개가 타워 안에 배치되며 실종된 공간으로 조성된 영역에는 유닛 40개가 배치되는데, 유닛 내부는 브리지를 이용해 공적인 공간인 거실·주방 등과 사적인 공간인 침실 등으로 나뉜다. 이중 22개의 유닛에는 정원이 있다. 실종된 공간 안에는 돌출된 나선형 계단이 있고 지상층 건물은 주변과 연결된다. 길에는 작은 정원과 벤치를 두었다. 1층 층고가 높은 공간에는 상점과 카페가 운영 중이다. U자형 평면 끝인 차량 승하차 구역 근처에는 거주자를 위한 로비가 있다. 건물 정면부 중앙 공간은 중정은 물론 지하 문화 공간과 상부층 상점으로 이어지는 엘리베이터, 에스컬레이터와 연결된다. 2층과 3층에는 상점이 입점했다. 4층과 함께 대나무 정원이 양쪽에 조성된 20미터 길이의 글라스 브리지가 건물을 연결하면서 U자형 평면을 고리형 평면으로 완성시킨다. 4층에는 비즈니스룸, 콘퍼런스룸, 게스트룸 2개, 피트니스센터, 옥상정원 등 거주자를 위한 편의

시설을 배치했다. 2-4층 같이 트러스 브리지가 건물의 반대 끝을 연결하면서 극적인 경관을 연출해낸다.

세빛섬

Floating Islands

해안종합건축사사무소, H아키텍처 | 2011
서초구 올림픽대로 683(반포동)

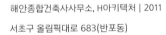

반포대교 남쪽 끝 근처의 세빛섬은 한강에 뜬 한국 최초의 인공 섬으로 '세빛둥둥섬'이라고도 알려졌다. 꽃이 개화하는 단계에서 영감을 얻어 설계한 가빛섬(비스타), 채빛섬(비바), 솔빛섬(테라) 3개의 작은 섬으로 구성되어 있다. 3개의 섬 중 가장 큰 섬인 가빛섬은 활짝 핀 꽃 모양이다. 유리 꽃잎을 여러 겹으로 겹쳐서 섬 외관을 마감했다. 공연과 회의, 전시회가 열리는 장소로, 700명을 수용할 수 있는 다목적홀에서 연극, 콘서트, 축제 등 여러 문화 행사가 진행되며 레스토랑과 정원, 전망대도 갖췄다. 꽃봉오리를 닮은 채빛섬은 비트 광장과 젊음의 숲, 레스토랑, 야외 댄스 공간을 갖췄다. 외관은 메탈 프레임의 꽃잎들이 둘러싸고 있는 알루미늄 메탈 패널 외피로 싸였다. 섬 외벽면의 사선 패턴은 꽃이 만개하는 움직임을 역동적으로 표현한다. 가장 작은 섬인 솔빛섬은 씨앗 모양이다. 한강 수상 레저 시설과 야외정원, 옥상정원, 클럽하우스, 한강으로 경사진 워터슬라이드를 갖췄다. 또한 세 섬이 한강에 최소한의 영향만 끼치면서 운영되기 위해 필요한 정화 장치와 MEP시스템을 설치했다. 섬 주변엔 LED조명을 설치해 '안개 속에 핀 등불'이라는 주제로 야간 경관

을 연출한다. 전체적으로 세 섬은 모두 공연과 전시 공간을 제공한다.

세빛섬은 서울특별시에서 추진한 '한강 르네상스 프로젝트'의 일환으로 한강 근처 풍경을 개선하고 사람들의 흥미를 부르기 위해 계획됐다. 해안종합건축사사무소와 미국 뉴욕의 H아키텍처(H Architecture)가 공동 작업한 설계가 현상설계에서 당선됐다. 가빛섬은 LED조명 시스템을 위한 거대한 파도 모양의 팔레트를 만들었으며 외벽은 프릿글라스(frit-glass)로 마감했고, 채빛섬은 곡선 알루미늄 패널 건물의 외관을 반투명 리본 모양 패널이 포함된 투명한 외피로 둘렀다. 세 섬은 횡 하중과 중력 하중을 고려하는 동시에 한강 안에서도 구조적 안정을 충족한다. 수상 플랫폼을 이용해 한강에 떠 있는 동시에 자동 계선 시스템(mooring system)을 통해 한강 바닥에 고정했다. 이 시스템은 태풍이 오는 여름철 한강 수위 변동에 대응해 안정적으로 물 위에 떠 있기 위해 바람, 물결, 조수, 수심, 수위 변동 등에 따라 작동한다. 중심 섬에 연결된 체인 28개의 각도와 모양은 섬의 안정성을 고려해서 동위치 제어 시스템으로 제어된다. 세빛섬은 강둑에서 인공섬을 미리 시공한 뒤 배를 물에 띄우듯 지상에서 롤러를 사용해 물 위에 띄우는 방식으로 건설되었다. 제일 작은 솔빛섬을 물 위에 띄우는 데 5시간이 걸렸다. 전력은 지붕에 설치된 태양전지 패널을 이용해 생산한다.

국립중앙도서관 디지털도서관
The National Digital Library of Korea

정림건축종합건축사사무소 | 2009

서초구 반포대로 201(반포동)

'디브러리(dibrary, digital library)'라고 불리는 국립중앙도서관 디지털도서관에서는 800개 이상의 도서관과 전 세계의 여러 기관에 접속해 총 1억 1,600만 개 이상의 콘텐츠를 열람할 수 있다. 지상 3층 규모의 디지털도서관은 국립중앙도서관 앞 잔디밭 안으로 들어간 형태이다. 디지털도서관의 녹색 잔디 지붕은 길과 마주하는 북동쪽 모서리

부분에서 더 부각된다. TV 스튜디오와 UCC 스튜디오는 캠코더와 조명을 완비해 사용자가 직접 자신의 음성과 영상을 담을 수 있다. 방문객은 포털을 통해 이북, 이매거진, 웹데이터베이스로 자료를 검색한다. 디지털열람실, 미디어실, 편집실은 물론 스크린실과 세미나실도 갖췄다. 책, 잡지, 간행물, 신문에서부터 시청각 자료, 음향 기록, 마이크로데이터, 지도, 악보까지 방대한 자료를 소장했다. 모든 자료는 포털에서 검색할 수 있지만 자료 대부분은 디지털열람실 안에서만 열람할 수 있다. 멀티미디어실에서는 DVD, 비디오테이프, CD, 카세트테이프, 컴퓨터 파일 등 도서관이 소장한 멀티미디어 콘텐츠를 열람할 수 있다. 미디어 편집실에서는 비디오와 정지 영상을 편집할 수 있다.

GT타워이스트

GT Tower East

아키텍텐콘소트(기본설계), 한길종합건축사사무소(실시설계) | 2011

서초구 서초대로 411(서초동)

네덜란드 로테르담의 아키텍텐콘소트(Architecten Consort)가 아시아에서 처음 작업한 작품으로 지상 24개 층, 연면적 약 5만 4,000제곱미터 규모의 오피스 건물이다. 앞으로 건설될 GT타워웨스트(GT Tower West)와 짝을 이룰 예정이다. 이 건물의 형태는 유기적으로 130미터 높이의 곡선 유리 벽면은 선큰 광장(sunken plaza)에서부터 올라온다. 외벽면의 출렁이는 파도는 길 아래로 떨어져 내리는가 하면, 춤추며 위를 향해 솟아오르기도 한다. 건물의 외벽면은 이용자를 방해하지 않고 건물의 큰 바닥 면적은 이용자에게 다양한 공간을 제공한다. 단열이 잘된 외벽면에는 태양 전지판을 설치하고 자연 채광과 환기를 위한 개구부를 냈다. 최대 3미터에 달하는 2개의 대각선 중 하나를 따라 바닥 면적을 변경하면서 물결치는 외관을 완성한다. 바닥 면적이 달라지면서 건물은 2.5배 더 높아졌고 각각의 물결 높이도 48미터가 되었다. 구조 보강을 추가해 캔틸레버로 건물을 돌출시켰다. 놀랍게도 건물 외벽은 모든 면이 평행하게 움직이면서도 외부로 캔틸레버 설치 부속품이 드러나지 않는다. 수평 분할 요소의 방해로 외벽면의 수직선이 깨지지 않도록 건축가는 안에서 외벽을 향한 천장을 창문 프레임의 크기에 맞추어 압축했다. 이 방법을 통해 외벽 뒤 실내 천장을 가리기 위한 밀폐 유리나 불투명 유리 패널이 설치되는 것을 피했다. 수직으로 난 검은 창문틀은 푸른색의 반반사유리 패널과 균형을 이룬다. 타워는 건축선에서 물러나 도로 레벨 아래 깊숙하게 들어간

아이스스케이트장을 갖춘 야외 공간을 조성했다. 광장 안에는 상점과 레스토랑이 입점했으며 방문객에게 바람을 피하고 도로 소음에서 벗어날 수 있는 쉼터를 제공한다. 지상의 출입구에서 수직으로 떨어지던 타워의 선들이 수평 차양의 개입으로 끊어진다. 로비의 자연 석재 타일 마감은 외부의 줄무늬 보도까지 이어진다. 외관은 고려청자에서 영감을 얻었다.

서울추모공원
Seoul Memorial Park

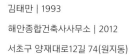

김태만 | 1993

해안종합건축사사무소 | 2012

서초구 양재대로12길 74(원지동)

부산한 고속도로 입구 인근 언덕에 홀로 둘러싸인 서울추모공원은 서울의 끝자락 우면산 고요한 골짜기에 세워졌다. 공원이 들어서기 전에는 등산객이 찾아와 명상을 즐기던 공원 인근 지역과 조화를 이루는 화장장을 건설해 삶의 여행을 끝마치는 엄숙한 의식을 치루는 안식처로 바꿨다. 지역 주민의 달갑지 않은 반응을 극복하기 위해 화장장은 '세워지지 않은' 건물로 설계했다. 대신 흐르는 듯한 모습의 건물은 인근 지형에 맞춰 조각된 '랜드아트' 형태로 드러난다. 공원 중앙 오목하게 자리한 정원은 일련의 제례

공간에 둘러싸였다. 주변 등산로, 능선과 공원 사이의 거리에 따라 울려 퍼지듯 형성되는 공간층이 정원을 에워싼다. 정원을 따라 난 곡선에 맞춰 건설된 2층 높이의 화장장 정원 중앙부에는 빛이 반사되는 연못을 두었고 지붕은 구조체를 연결해 꽃잎이 서로 겹쳐져 바람개비처럼 흩날리는 모습을 연출했다. 영혼의 공간을 연상시키는 아치형 지붕과 간접 조명이 특징인 길을 따라 유가족이 정원에 둥글게 서서 이별을 위한 마지막 여정을 시작한다. 벽감(壁龕)을 향해 천장을 트리포리움 위로 한층 더 높이 올렸다. 길이 끝나는 곳의 구불구불한 정원은 상실감에 빠진 이들을 위로한다. 산에서 물이 흘러내려와 정원에 생기를 부여한다. 누군가는 자연과 조화를 이루는 이 경관을 바라보며 슬픔에 잠길 것이다.

교보강남타워
Kyobo Gangnam Tower

마리오 보타 | 2003

서초구 강남대로 465(서초동)

교보생명보험의 서초 사옥인 교보강남타워는 스위스 건축가 마리오 보타(Mario Botta)가 설계를 맡아 준공되었다. 묵직하고 힘이 느껴지는 상징적 형태의 적벽돌 '스핑크스'로 마감한 이 건물은 테헤란로를 따라 나 있는 주요 교차로 중 한 곳에 선 서울의 명소 중 하나이다. 유리로 마감한 주변의 철골조 건물과 대조를 이룬다는 점이 이 건물을 높이 평가하는 이유이다. 교보강남타워 정면부는 동쪽의 강남대로를 향한다. 솔리드 이미지의 건물은 큰 부피감의 매스 2개와 투명한 심장부로 이루어졌다. 교보강남타워는 산악의 전원주택에서 영감을 얻은 마리오 보타의 포스트모던 설계를 지상 25층 규모의 높이 117미터 오피스 타워에 적용한 흔치 않은 사례이다. 지상 1층은 공공 영역으로 중앙부를 층고가 3배나 높은 아트리움 로비로 꾸미고, 그 위로 23개 층에는 사무실

을 배치했다. 출입구는 건물 하단부를 과감하게 잘라 낸 모양이고 회색과 백색 줄무늬의 원기둥을 출입구에 세웠다. 이런 형태는 스위스 티치노가 고향인 마리오 보타의 작품에서 쉽게 찾아볼 수 있다. 타워 최상부 유리는 2면으로 처리했다. 건물 주요 외관은 2개의 수직 매스 타워가 하나의 기단부 위에서 눈에 띈다. 정면과 배면의 타워 외벽에는 창문을 배치하지 않았다. 18미터 길이의 유리로 마감한 공중 다리는 최상층에서 두 타워를 잇는다. 23층에는 다목적 홀도 갖췄다. 매스를 잘라낸 듯한 부분을 통해 건물 내부로 빛을 끌어들이고, 북측면과 남측면에는 테라스를 설치해 빛이 들어오도록 했다. 교보강남타워는 철골조 건물로 코어부는 철근 콘크리트로 시공했다. 벽돌 마감 벽면은 프리캐스트 패널(precast panel)을 사용해 형성하고, 어둡고 밝은 2종류의 적벽돌을 모두 사용해서 건물 외벽에 특유의 줄무늬를 만들어 마감했다. 장변의 건물면은 벽돌벽 외피로 감쌌다.

삼성타운
Samsung Town Headquarters

KPF, 삼우종합건축사사무소 | 2008

서초구 서초대로74길 11(서초동)

삼성그룹의 서초 사옥으로 주요 오피스 타워가 모인 구역에서 거대 기업인 삼성그룹의 허브 역할을 수행하고 있다. 최고 높이 203미터 규모로, 세 건물이 각각 지상 44층, 34층, 32층이다. 저층, 중층, 상층부에 있는 연결부가 삼성타운을 도시적 맥락에 통합시킨다. 한국 전통 목조 건축의 목공에서 영감을 받은 건물 매스는 구성 요소를 서로 짜 넣어 맞물리는 형태이다. 여러 개의 작은 땅이 모

매스 간의 차이를 더 분명히 했다. 각 층마다 작은 기계실을 배치해 추가 냉각 시스템을 가동하고, 맞물린 타워 사이의 개구부는 루버로 처리했다. 수직·수평 커튼월의 대비와 반사 유리 자재가 맞물리고 돌출된 매스에 더 극적 효과를 준다. 사람이 직접 커튼월의 채광과 자연 환기를 조절할 수 있어 건물 안 인공조명과 냉·난방 시스템이 최소로 가동된다. 삼성그룹의 사무 공간은 A동과 B동에 있고 C동은 삼성전자 본사 건물로 쓰고 있다. C동 기단부는 다양한 부피의 공간으로 나뉜다. 여러 매스로 나뉜 공간은 식당, 회의실, 전시실 등으로 쓰이며 이 중 가장 중요한 공간은 삼성쇼룸이다. 조경을 설계하며 공공 영역을 통합하고 가로지르는 포장 보도를 설치했다. A동과 B동 사이에는 작은 공원이, C동 기단부 안에는 보행로가 있고 이벤트를 위한 대규모 광장도 설치했다.

여 도시 안 기업 단지를 만들어 건물이 서로를 향해, 도시를 향해 손짓한다. 확연히 구분되는 2개의 멀리온 시스템을 활용해 수직·수평 질감을 각각의 건물 외벽에 표현하면서

국립중앙도서관
The National Library of Korea

위형복 | 1988

서초구 반포대로 201(반포동)

1945년 개관한 국립중앙도서관은 120만 권이 넘는 외국 서적과 국보를 포함해 1,000만여 권의 책을 소장했다. 서울 소공동에 문을 연 뒤 1974년 남산으로 자리를 옮겼다

가 1988년 지금의 반포동에 다시 문을 열었다. 관리부처는 교육부에서 1991년 문화체육관광부로 바뀌었다. 국립중앙도서관은 수직성이 강하고 외관이 대칭을 이루는 기념비적 건축물이다. 1-2층에는 강당과 사무실이 있고 그 위 3개 층에는 열람실이 배치되어 있다. 창문이 없는 상위 2개 층에는 서고가 있다. 건물은 9×9미터 모듈을 기본으로 설계되었다.

마포구

MAPO-GU

절두산 천주교순교성지
Jeoldusan Martyrs' Shrine

이희태 | 1967

마포구 토정로 6(합정동)

절두산은 한강이 내려다보이는 바위곶으로 한때 등대 역할을 하기도 했다. 절두산 천주교순교성지는 건축가 이희태의 걸작으로 손꼽히는 건축물이며 양화진외국인묘지 옆 언덕 위에 우뚝 서 있다. 1860년대 말 흥선대원군 섭정기에 대대적인 천주교 탄압이 있었고 당시 이곳은 천주교 신도를 처형하는 장소였다. 병인양요가 있던 1866년 수천 명의 신자가 이곳에서 고문당하고 죽었다. 그때의 비극을 기억하고 8,000명의 순교자를 기리기 위해 병인순교 100주년에 절두산 순교성지를 건설했다. 1967년 박물관과 기념비를 추가로 세우고 이어 1972년 공원이 조성되었다. 당시의 고문 방식 관련 전시품과 기념 조각품을 성지 주변에 전시하고 3,000여 점의 유물을 소장한다. 순교성지에는 갓 모양의 지붕을 지닌 예배당이 있다. 박물관 처마 모서리 부분은 특유의 윤곽을 만들며 흘러내려온다. 예배당 내부는 부채꼴 모양이다. 대제단 아래에는 병인박해 순교성인 27위와 무명 순교자 1위의 유해를 봉인한 뒤 안치했다. 종탑이 예배당과 박물관을 연결한다. 박물관 주변에는 2개의 기둥이 지붕을 떠받치는 통로가 빙 둘러졌다. 갓 모양 지붕과 중간에 원형 구멍이 뚫린 노출콘크리트 종탑은 순교성지가 앉은 절두산 경치의 일부로 녹아들었다.

서울에너지드림센터
Seoul Energy Dream Center

GAP아르히텍텐 | 2012

마포구 증산로 14(상암동)

서울에너지드림센터는 독일의 GAP아르히
텍텐(GAP Architekten)이 설계한 신재생
에너지센터이다. 바닥 면적 3,500제곱미터
의 에너지 제로 건물로 지속 가능성에 대한
전시회를 열고 있다. 이 건축물은 독일의 프
라운호퍼태양에너지연구소(Fraunhofer
Institut für Solare Energiesysteme ISE,
Fraunhofer ISE)에서 진행한 에너지 절약
과 에너지 효율 프로젝트에 집중해 신재생
에너지의 최첨단 과학 기술을 입증하는 플
래그십 프로젝트이다. 서울시는 월드컵공
원 안 에너지드림센터 건설 계획을 제시했
다. 센터는 한 해 동안 소비한 양만큼 에너
지를 생산해내고, 건물 안에서 생산하는 신
재생에너지의 양은 에너지 수요를 충족해야
한다. 건물 단열과 채광 성능을 결정하기 위
해 파트너 회사가 시뮬레이션을 수행하고 건
물 외벽과 기술 시스템 성능 수치를 계산했

다. 정사각형 평면의 3층 건물은 원뿔 형태
로 바깥을 향해 45도로 벌어지며 차츰 위로
올라간다. 쐐기형 지붕 돌출부는 위를 향해
기울어져 올라가는 형태로 날개 같은 효과를
준다. 돌출부는 창문의 고정된 태양열 차단
막 역할뿐 아니라 비바람으로부터 출구 영
역을 보호한다. 지반이 충분한 지내력을 갖
지 못해 파일로 지반을 보강하고 그 위에 철
근콘크리트로 기초를 만들었다. 건물은 우
선 패시브 방식으로 에너지를 보존하도록 설
계했다. 에너지 수요를 줄이기 위해 건물 외
부는 패시브 하우스 기준에 따라 설계했다.
보강된 거대한 천장은 최대 냉방 부하 균형
을 유지하는 축열조 역할을 한다. 정사각형
의 중앙 아트리움은 건물 전체에 자연광을
제공한다. LED조명을 통해 전기를 효율적
으로 사용하고 센서를 이용해 조절한다. 한
국의 기후와 기술 수준은 물론 사용자의 편
의에 맞게 건물의 개념을 잡아갔다. 환기 시
스템을 통해 겨울철 난방과 여름철 냉방·습
도를 조절한다. 건축 설비는 1년 내내 여름
에는 복사 냉방 시스템, 겨울에는 열펌프를
위한 열원을 제공하는 어스프로브(earth

probe)를 기반으로 둔다. 두 단계의 열회수와 증발 냉각, 제습을 위한 터보 압축 냉각기로 구성된 환기 시스템이 설치되었다. 건물 안 냉난방 에너지 소비량은 국내 건축물의 표준 소비량보다 70퍼센트 저감된 수준이며 나머지 필요 에너지는 신재생에너지로 충당하고 있다. 지열에너지뿐 아니라 지붕과 건물 돌출부, 작은 대지에 설치된 그리드태양광발전시스템(grid-connected photovoltaic)은 매년 약 28만 킬로와트의 전력을 생산해낸다. 그 결과 에너지드림센터는 1년을 기준으로 에너지 소비 제로, 탄소 배출 제로 건물이 되었다. 센터 건물은 패시브 하우스 기준을 충족하는 동시에 한국그린빌딩협의회(Korea Green Building Council, KGBC)의 건축물 에너지 효율등급 인증을 받았다.

서울월드컵경기장
Seoul World Cup Stadium

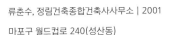

류춘수, 정림건축종합건축사사무소 | 2001
마포구 월드컵로 240(성산동)

2002년 한국과 일본이 함께 월드컵을 개최하면서 두 나라에 새로운 축구 경기장이 건설되었다. 상암월드컵경기장으로도 알려진 서울월드컵경기장은 2002년 건설된 월드컵경기장 중 가장 큰 규모로 동아시아 최대 규모의 축구 경기장이다. 현 이공건축사사무소 소장인 건축가 류춘수와 정림건축종합건축사사무소가 공동 설계했다. 2002년 월드컵 개막식과 준결승전이 이곳에서 열렸다. 경기장 높이는 50미터, 총 좌석 수는 6만 6,806석으로 귀빈석 816석과 보도석 754석, 스카이박스 75실을 포함한다. 경기장은 콘크리트 기단부와 한국 전통 연을 표현한 백색의 가벼운 유리섬유 지붕부로 나뉜다. 지붕부는 16개의 기둥을 사용한 케이블 구조로 지지되어 경기장 객석의 90퍼센트를 덮는다. 패브릭 막과 폴리카보네이트 유리로 마감한 경기장은 마치 한국 전통 종이인 한지로 만든 것처럼 보인다. 밤이 되면 조명이 켜져 따뜻하고 부드러운 빛이 경기장을 감싸면서 마치 전통등 같은 모습을 띤다. 경기장은 커다란 매립지를 포함하고 있는 난지천 공원 일부에 세워졌다. 팔각형 평면의 경기장 모습은 한국의 전통 밥상인 소반 같다.

KT&G상상마당
KT&G Sangsangmadang

배대용 | 2007

마포구 어울마당로 65(서교동)

홍익대학교 앞 번화가 한가운데에 세워진 총
11개 층 규모의 이 건물은 영화관과 공연장,
아트갤러리, 스튜디오 등의 시설을 갖췄다.
유리로 만들어진 육면체 상자 형태의 건물
외부를 감싼 독특한 곡선 문양 콘크리트 층

은 장식 효과는 물론 구조적인 역할도 겸한
다. 이 덕분에 실내에는 단 하나의 기둥만 세
워져 있다. 건물 북측면에는 테라스가 설치
되어 있다. 1층 아트스퀘어에서는 작가들의
수공예품과 액세서리를 판매하고, 2층 아트
갤러리에서는 현대 미술을 감상할 수 있고,
3층에서는 젊은 작가의 작품을 판매한다. 지
하 극장에서는 독립영화를 상영하고 지하 라
이브홀에서는 음악, 댄스, 연극 등 다양한 공
연이 열린다.

대안공간 루프
Alternative Space LOOP

김백선 | 2005

마포구 와우산로29나길 20(서교동)

대안공간 루프는 아시아 현대 미술의 플랫폼 역할을 수행한다. 1999년 상수동에 설립됐으며 마포구에 새로운 공간을 조성했다. 빙산 모양 건물은 창이 없는 회색 콘크리트 벽을 접은 형태다. 건물 모서리 한곳에만 도로를 향해 폭이 좁은 가느다란 창을 내어 자연광이 실내로 들어올 수 있게 했다.

MBC상암 신사옥
MBC Sangam headquarters

겐슬러, 희림종합건축사사무소 | 2013

마포구 성암로 267(상암동)

MBC 문화방송은 지난 2014년 여의도를 떠나 DMC에 새 사옥을 완공했다. 이 사옥은 DMC를 동서로 꿰뚫은 '디지털 미디어 스트리트'를 면해서 큰 앞마당을 두고 그 위로 파노라마처럼 펼쳐져 있다. 건축가들은 기능적으로 명확히 구분한 작은 건물 3개 동을 조합해서 더 큰 건물 본체를 만들었다. 사옥의 주된 건물은 방송센터와 경영센터, 그리고 경영센터와 타워브리지로 연결된 미디어센터이다. 여기에 방송센터 저층부의 상가와 공개홀, 비정형의 상가 건물이 건물 구성을 이루고 있다. DMC 안 큰 대지 두 블록을 차지하는 MBC 사옥은 보수적인 형태의 주 건물과 보행 광장에서 접하게 되는 특색 있는 상가 건물이 어우러져 하나의 거리를 형성하고 있다. 도시 계획 규제로 보행로로 나뉜 2개의 대지를 상층부에서 기능적으로 연결해 시각적인 통일성을 꾀하고 있다. 특히 광장에서 보았을 때 상층부로 갈수록 건물이 뒤로 물러나게 하고 기능적인 덩어리로 건물을 쪼개 위압감을 덜어내 인간적인 공간을 연출하고 있다. 허용 용적률인 800퍼센트보다 크게 낮춘 440퍼센트의 용적률을 의도적으로 채용해 더욱 여유 있고 활동성이 보장되게 구성했다.

트루텍빌딩
Trutec Building

바르코라이빙거아키텍츠,
창조종합건축사사무소 | 2007
마포구 월드컵북로56길 12(상암동)

서울 북서쪽에 있는 디지털미디어시티(Dig-
ital Media City, DMC)는 미디어회사가 모
인 지역이다. 디지털미디어시티에 세워진 총
높이 55미터, 지상 12층 규모의 오피스 건
물 트루텍빌딩에는 독일 레이저 가공회사 트

럼프(TRUMPF)의 한국 지사인 한국트럼프
(TRUMPF Korea)가 입주했다. 트루텍빌딩
은 독일 바르코라이빙거아키텍츠(Barkow
Leibinger Architects)가 아시아에서 설
계한 첫 작품이다. 대지 제한이나 특별한 주
변 맥락이 없기에 건축가는 내부 성향을 강
하게 드러내는 건축물을 설계하기로 결정했
다. 이 단순 육면체 건물은 건물 자체만으로
주변과 다른 차별성을 보여주고 있다. 20센
티미터까지 돌출된 크리스털 형태의 거울 유
리로 마감한 건물 외벽은 주변 경관을 추상
적으로 담아낸다. 불투명한 요소 중에 일부
는 안에서 뚜렷하게 보인다. 동측면을 따라
균일하게 접힌 유리 벽면은 하나의 금속 덩
어리로 보이면서 오피스 평면을 유연하게 활
용하기 위해 측면으로 배치한 엘리베이터 코
어를 감싼다. 1층에는 층고 6미터 무주(無
柱) 쇼룸 공간과 상부 갤러리로 이어지는 로
비, 카페가 있다. 건물 안에서는 굴절된 하늘
을 볼 수 있고 외부 유리는 빛을 굴절시켜 기
하학적인 패턴을 만들어낸다. 큰 장비를 전
시할 수 있는 공간도 갖췄다. 트루텍빌딩은

유럽 중소기업이 모여 만든 한국 공동 대표 기업 사무실을 제공한다. 빌딩의 주 임무는 기업에게 한 지붕 아래 사무 공간과 제품을 선보일 공간을 함께 제공하는 일이다. 그런 의미에서 트루텍빌딩은 아시아로 기술을 수출하는 대사 역할을 수행한다. 다각형 조각으로 나눠진 2.7–4.2미터의 1개 층 높이 디스크가 모여 구겨진 포일처럼 매력적인 만화경 효과를 구현한다. 3차원으로 구겨진 건물 외벽은 인근 건물을 부숴 픽셀로 바꾼 듯한 추상적인 이미지가 투영된 외벽면으로 변해버린다. 코어부는 북동쪽 모서리에 배치하고 경사진 패널을 잡아주는 프레임은 일반 알루미늄 프레임을 CNC공작기계로 재단해 사용했다. 세 종류의 패널을 보통 사용하는 직각의 그리드에 설치했다. 표면이 평평한 패널과 표면이 돌출되어 공간이 생기는 패널, 모서리 패널을 사용했다. 표면이 평평한 한쪽 외벽을 제외한 나머지 세 면의 외벽은 조각을 한 듯한 질감을 표현해낸다. 코어부는 대각선 패턴의 아연 지붕널(shingle)로 마감한 외벽 뒤로 숨겼다.

신촌성결교회
Shinchon Evangelical Holiness Church

최동규 | 2011
마포구 신촌로12길 12(동교동)

서인종합건축사사무소의 건축가 최동규가 설계한 신촌성결교회는 6층 규모의 육면체 건물로 한국 대규모 도시 교회의 대표적인 예이다. 건물 측면은 석재 타일로 마감했고 정면부는 푸른색 유리로 마감했다. 상부층에 배치된 예배당은 창이 없는 부채꼴 형태로 목사와 신자 사이의 거리를 최소화하도록 설계되었다. 1,600명의 신자를 수용할 수 있고 좌석은 계단식 강당처럼 배치했다. 지상에서 건물은 필로티 위에 세워졌다. 자동차 100대를 수용 가능한 지하 주차장은 건물 후면에서 접근할 수 있다.

전쟁과여성인권박물관
War and Women's Human Rights Museum

와이즈건축 | 2012

마포구 월드컵북로11길 20(성산동)

전쟁과여성인권박물관은 일제강점기 일본 군에게 강제로 끌려가 성노예로 고통 받은 피해자를 기억하기 위해 건립되었다. 위안 부 피해자 인식을 고취시키기 위한 박물관 설립 기금을 마련하는 사항에 일본은 한국 외교부에 항의하기도 했다. 일본 정부는 박 물관이 이 사안을 해결할 수는 없다고 주장 했다. 한국 정부는 박물관 건립을 위해 5억 원을 지원했고, 사설 기관에서는 20억 원의 기금을 마련했다. 박물관은 일본 정부의 사 과를 요구하는 캠페인을 널리 알린다. 이 캠 페인은 2003년 한국정신대문제대책협의회 가 처음 시작했다. 2차 세계대전 동안 일본 이 침략한 나라의 여성 20만 명이 일본 군인 의 성노예가 되어야만 했다. 현재 일본은 피 해자에게 공식적인 사과나 보상을 거절하고 있는 상황이다. 위안부 피해자들은 점차 나 이가 들면서 일본의 사과와 보상을 제대로 받지 못한 채 세상을 떠날지도 모른다는 생 각에 두려워한다. 와이즈건축이 설계를 맡 은 전쟁과여성인권박물관은 주거 지역 비탈 길에 세워졌다. 절제된 벽돌 덩어리의 건물 이 고유의 아름다움을 뽐낸다. 각기 다른 벽 돌쌓기 패턴이 박물관 고유의 회색 벽돌벽 외관을 만들어낸다.

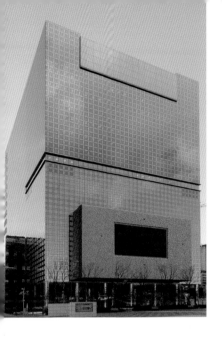

SBS프리즘타워
SBS Prism Tower
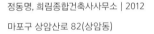

정동명, 희림종합건축사사무소 | 2012
마포구 상암산로 82(상암동)

한국 대형 방송국 중 한 곳인 SBS의 새 사옥이다. 희림종합건축사사무소와 함께 설계를 맡은 지원파트너스건축사사무소의 건축가 정동명은 목동의 SBS 첫 사옥 역시 영국 건축가 리처드 로저스(Richard Rogers)와 함께 설계했다. 비행장 주변 고도 제한으로 건물은 최대 82미터, 지상 17층으로 높이가 제한됐다. 10층까지는 TV스튜디오, 11−16층에는 사무실, 17층에는 식당과 피트니스 센터를 두었다. 창이 없는 건물 저층부와 달리 상층부에는 창을 설치했다. 반사유리와 알루미늄 패널을 이용해 픽셀 같은 그리드 패턴을 만들어 시각적 통일성을 주었다. 대규모 아트리움이 상부 바닥 중앙부를 뚫고 올라오면서 자연광을 내부로 유입하는 동시에 바닥판을 작게 나누어 사무 용도에 더 적합한 공간을 만들어냈다.

옐로우다이아몬드
The Yellow Diamond

미쓰이 준, 운생동건축사사무소 | 2010
마포구 양화로16길 29(서교동)

옐로우다이아몬드는 마포구 대학가 삼각형 대지 위에 세워진 소매 상가 건물이다. 건축주인 상지건설의 장명희는 고르지 못한 대지 상황을 고려하면서도 도전적이고 수준 높은 디자인의 건축물을 요구했다. 설계를 맡은 미쓰이 준(光井純)은 '세입자를 기념하고 이들에게 영감을 주는' 공간을 구현하길 원했다. 건물 한 중간에는 예술가가 자신의 작품을 홍보할 수 있는 공간을 마련했다. 밝은 노란빛은 이 건물만의 고유한 특징을 부여했다. 금빛 유리판을 다양한 각도로 설치해 마감한 건물 외관은 보석을 표현한다. 건축가의 말에 따르면 보행자는 양쪽에서 건물에 접근하며 변화무쌍하게 '반짝거리는 상점 내부를 힐끔거리는 경험'을 하게 된다. 건물을 통과하는 공공 통로는 보행자를 건물 내부로 이끈다.

자이갤러리
Xi Gallery

켄 민 성진 | 2008

마포구 양화로 72(서교동)

자이갤러리는 로비층과 지상 3층 규모의 건물로 주 용도는 아파트 분양을 위한 주택전시관이다. 건물 이름인 '자이(Xi)'는 GS건설의 아파트 브랜드명이다. 보통 '모델하우스'라 불리는 주택전시관 건물은 재사용이 가능한 철골과 모듈식 패널로 지어지며 3–5년 이후에 철거된다. 건축 허가도 임시로 받는다. 자이갤러리는 마포구 합정역에 인접했으며 대지 인근은 미개발 지역으로 야외 녹지 공간이 부족한 곳이다. SKM건축사사무소의 건축가 켄 민 성진은 이곳에 공공 정원과 부유식 구조물을 설치했다. 주택전시관을 넘어 복합문화 공간으로 건물의 용도를 변경하면서 자이갤러리는 인근 주민들에게 긍정적인 영향을 주게 된다. 지상 1층에는 문화 활동을 위한 강당과 강의실을 배치했고 2층과 3층에는 주택전시관을 설치해서 GS건설의 주택을 다양한 평형과 타입에 따라 전시해놓았다. 건물 내부 전시 프로그램은 건설사의 필요에 따라 자주 변경된다. 프로젝트 하나당 약 다섯 가지 유형의 유닛을 3–5개월 동안 전시해둔다. 1년에 최소 네 번의 프로젝트가 진행되어 약 20가지 유형의 유닛을 전시했다. 갤러리 외관은 시각적 랜드마크 역할을 수행했다. 건축가는 자이갤러리 건물 외관은 다양한 각도로 구성되면서 '다이내믹한 센세이션'을 일으킨다고 말한다. 거리를 따라 건물 외부에 설치된 LCD스크린은 미디어아트 캔버스로 기능했다. 내부 LED스크린은 사용자를 위한 창문 역할은 물론 다양한 유형의 정보 영상을 상영했다. 또 자이갤러리는 사람들이 리빙 스타일을 경험할 수 있는 공간을 제공했다. 건축가는 '떠오르는' 스테인리스스틸 매스를 이용해 '자연환경 위로 떠오르는 첨단 기술의 구름'을 표현하고자 했다. 여러 각도에서 건물을 바라보면 다양한 조각품을 감상한다는 착각이 들기도 한다. 스테인리스스틸로 마감한 외부, 대리석과 나무로 마감한 내부는 군더더기 없는 간결한 디자인을 보여주었다. 현재 자이갤러리는 철거됐고, 같은 대지를 이랜드가 면세점 후보지로 확정했다.

한겨레신문 본사

Hankyoreh Media Company

조건영 | 1992

마포구 효창목길 6(공덕동)

경사지에 세워진 건물로 지하층에는 인쇄
실, 그 위로는 사무실을 배치했다. 밝은 녹색
의 그리드 구조물 사이로 올라온 2개의 원통
형 건물이 눈에 띈다. 건물 외벽은 회반죽 뿜
칠도장(spray coating)으로 마감해 노출된
그리드 구조물과 상반되는 '원시적' 외관을
보여준다. 1996년 한 차례 증축이 있었다.

155

용산구

YONGSAN-GU

전쟁기념관
The War Memorial of Korea

이성관, 곽홍길 | 1994

용산구 이태원로 29(용산동1가)

전쟁기념관은 옛 육군본부 자리에 건설되었다. 6개 층에 배치된 6개의 실내 전시실과 1개의 야외 전시실에서는 1만 3,000여 점이 넘는 전시품을 전시한다. 주요 건물을 중심으로 기다란 회랑이 양쪽으로 길게 배치되어 거대한 U자 형태를 만들고 안쪽에는 광장을 조성했다. 박물관은 돔형의 원형 아트리움을 중심으로 주변에 배치되어 있다. 원뿔을 잘라낸 형태의 기념비 공간이 그 뒤에 마련됐다. 이 기념비적 건물에서는 특이하게도 후기 포스트모던 양식이 엿보인다. 석재로 마감한 대규모의 건물 외관은 근대 한국 역사 속에서 전쟁이 가져다준 중대한 영향을 표현하고 있다.

국립중앙박물관

The National Museum of Korea

정림건축종합건축사사무소 | 2005

용산구 서빙고로 137(용산동)

옛 미군 골프장 자리에 건설되었다. 설계를 맡은 정림건축종합건축사사무소의 건축가 김창일은 거대한 직사각형 육면체 건물 중앙에 외부 광장을 두어 건물을 두 부분으로 나누었다. 고대 유물, 역사 자료, 예술 작품, 기증 받은 유물, 아시아 예술 작품이 전시되어 있다. 거대한 규모의 박물관은 외벽을 화강석으로 마감해 폐쇄적인 느낌을 주기도 하지만, 석재 마감 덕분에 '배산임수(背山臨水)의 주변 환경과 소통'한다.

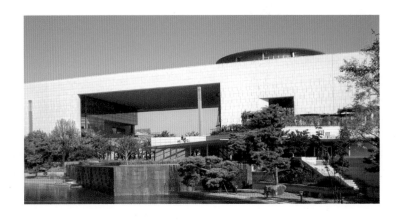

N서울타워
N Seoul Tower

장종률 | 1975

용산구 남산공원길 126(용산동)

남산 위에 위치한 전파탑인 N서울타워는 서울의 랜드마크이자 시각적 클라이맥스를 담당한다. N서울타워라는 이름 외에도 '남산타워' '서울타워' 그리고 원래 소유주 YTN이 CJ푸드빌과 리모델링 계약을 맺고 임대해 'CJ서울타워'라는 이름으로도 불린다. 타워 자체 높이는 236미터로, 남산 위에 세워졌기에 해발 479미터에 이르는 높이를 자랑한다. 현재 타워는 전파 송출은 물론 전망대 역할도 수행하지만 1980년 전까지만 해도 군부에서 주장하는 안전 문제로 일반인이 접근할 수 없었다. 타워가 세워진 남산 정상은 케이블카로도 올라갈 수 있으며 코어부에는 2대의 엘리베이터가 운행 중이다. 타워 맨 아래 부분에는 상점과 레스토랑을, 상부에는 4개의 전망대를 운영 중이다. 네 번째 전망대에는 48분 주기로 360도 회전하는 레스토랑이 있다. 일몰 뒤 밤 11시, 동절기에는 밤 10시까지 타워에 조명을 비춘다. 타워 정상에서는 서울 대부분의 지역을 조망할 수 있다.

스파지오루체
Spazio Luce, Pou Sto

김헌 | 2009(리노베이션)

용산구 이태원로 213(한남동)

스튜디오어사일럼의 건축가 김헌이 이태원 큰길가의 별 특징 없는 오래된 빌딩을 대대적으로 리노베이션하는 작업을 맡아 진행했다. 접힌 형태의 새로운 유리 외관이 4층 규모 건물을 덮었다. 현재 스파지오루체라고 알려진 이 건물 안에는 카페와 상점이 운영 중이고 사무실 건물로도 사용한다.

주한 독일문화원
Goethe-Institut Seoul

쿠르트 자데바서 | 1978

발로쉬케아르히텍텐 | 2013(리노베이션)

용산구 소월로 132(후암동)

독일의 분데스바우디렉시온(Bundesbau-direktion)의 건축가 쿠르트 자데바서(Kurt Sadewasser)가 설계해 1970년대에 지어진 흥미로운 형태의 이 건축물은 괴테인스티투트라고도 알려진 주한 독일문화원이다. 남산 남쪽 산기슭 급경사지라는 대지의 특성을 잘 활용해 서울 남부와 한강의 아름다운 전망을 감상할 수 있다. 5층 규모의 테라스식 건축물은 한국 전통 지붕의 처마를 재해석해 현대 건축물에 표현했다. 2013년 독일의 발로쉬케아르히텍텐(Walloschke Architekten)에서 리노베이션을 진행했다.

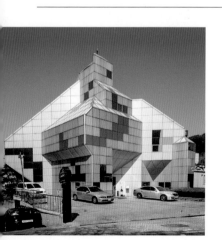

갤러리 빙
Gallery Bing

김원 | 1990

용산구 회나무로44길 10(이태원동)

이 건물은 철골 트러스 구조로 45도의 강한 기하학 패턴을 만들어 낸다. 피라미드 형태에서 여러 방향으로 덩어리를 잘라낸 듯한 모양이다. 건물 내부는 무주 공간이다. 메탈 패널로 마감한 외부에 불규칙하게 창을 배열했다. 골조는 안에 그대로 노출됐다.

서울역사
Seoul Station

아키플랜종합건축사사무소 | 2004
용산구 한강대로 405(동자동)

한국의 많은 교통 및 운송 시설을 설계해 온 아키플랜종합건축사사무소에서 설계를 맡았다. 건축적으로 서울역을 정확히 설명하자면 별 특징 없는 백색 철골 트러스 구조의 홀이라고 말할 수 있다. 서울역과 서관을 잇는 고가 통로는 1977년 지어졌고 첫 민자 역사는 서울올림픽이 열리던 해인 1988년에 세워졌다. 2004년 기존 서울역 인근에 새로운 역이 세워진 동시에 고속철도 KTX가 운행을 시작했다. 서울역은 부산행 KTX와 일반 열차의 주요 종착역이다. KTX가 운행을 시작하며 새 서울역사로 모든 업무가 이전되었다.

용산구청
Yongsan-gu Office

공간그룹 | 2010

용산구 녹사평대로 150(이태원동)

공간그룹에서 설계를 맡은 용산구청 건물은 용산구 행정 업무를 처리하는 행정중심지 역할을 수행한다. 지상 10층 규모로 거대한 사다리꼴 형태이다. 건물 외부는 커튼월로 마감한 뒤 불규칙한 리듬에 맞추어 수직 루버를 설치했다.

꼼데가르송 플래그십스토어

Comme des Garçons Flagship Store

가와쿠보 레이 | 2010

용산구 이태원로 261(한남동)

일본 패션 브랜드 '꼼데가르송(Comme des Garçons)'이 한국에 새로운 플래그십스토어를 열었다. 기존 건물을 꼼데가르송의 디자이너인 가와쿠보 레이(川久保玲)가 직접 디자인해 대대적인 리모델링 작업을 거친 뒤 새로운 건물로 탈바꿈했다. 유리로 마감한 백색 공간의 총 면적은 1,600제곱미터에 달해 꼼데가르송 매장 중에서도 상당히 큰 편에 속한다. 비틀즈 컬렉션이 방 하나를 차지하고 지상 1층에는 로즈베이커리와 팝업스토어 '플레이박스'를 운영 중이다. 이전 건물에서 쓰던 5개의 내부 브리지 경사 터널이 7개 층을 모두 연결한다. 층간을 잇는 이 터널 공간은 복도는 물론 갤러리 공간으로도 활용돼 다양한 제품을 전시한다. 지하층에 갤러리 '식스'가 있었으나 현재 지하층은 아예 사용하지 않는다.

일신한남동10

Ilsin Hannamdong 10 Office Building

우시용 | 2010

용산구 한남대로 98(한남동)

일신한남동10은 직육면체 형태의 지상 5층 규모 건물로 설계는 시공건축사사무소의 건축가 우시용이 담당했다. 평면도 상으로는 긴 면이 교통량이 많은 한남대로를 마주한다. 주요 도로를 따라 유리로 외관을 마감했고, 유리 외벽 위를 둘러 싸고 있는 수직 다이아몬드 모양의 그리드 패턴이 건물 입면을 지배하며 이목을 끈다. 주한 이탈리아대사관과 주한 이탈리아문화원이 이 건물을 사용하고 있다.

삼성미술관 리움
Leeum, Samsung Museum of Art

마리오 보타, 장 누벨, 렘 콜하스 | 2004
용산구 이태원로55길 60-16(한남동)

'리움'은 삼성그룹에서 운영하는 사설 미술관으로 삼성그룹의 소장품을 전시한다. 유럽 출신 3명의 스타 건축가인 스위스 건축가 마리오 보타, 프랑스 건축가 장 누벨(Jean Nouvel), 네덜란드 건축가 렘 콜하스가 설계를 맡았다. 하얏트호텔 아래 경사지에 세워진 미술관의 경사로는 주 출입구로 동선을 이끈다. 미술관 안 모든 곳으로 연결되는 원형 로비엔 천창을 통해 자연광이 내리쬐는 큰 너비의 나선형 계단이 있다. 프랭크 로이드 라이트(Frank Lloyd Wright)의 뉴욕 구겐하임미술관과 흡사한 모습이다. 방문객은 엘리베이터를 타고 4층으로 올라갔다가 나선형 계단을 통해 내려온다. 3명의 건축가는 각기 다른 3개의 건축물을 설계했다. 마리오 보타가 설계한 뮤지엄 1에는 고서화, 전통자기, 불교미술, 금속 공예를 전시했다. 벽돌로 마감한 외관은 한국의 요새를 연상시킨다. 장 누벨이 설계한 뮤지엄 2는 2층에 한국 근현대 미술, 1층에 외국 근현대 미술, 지하 1층에 국제 현대 미술을 전시했다. 유리와 철재로 만들어진 진열장이 벽을 가로질러 설치됐다. 렘 콜하스가 설계한 삼성아동교육문화센터는 '글라스 블랙박스'라고 표현할 수 있다. 검은 콘크리트 건물은 마치 아래층의 아이들을 위한 전시 공간 위로 맴돌고 있는 듯하다. 좁은 계단은 리움 설계에 참여한 세 건축가의 정보를 담고 있는 '뮤지-엄'으로 동선을 유도한다. 미술관 정원에는 조각가 루이즈 부르주아(Louise Bourgeois)와 알렉산더 칼더(Alexander Calder)의 작품이 전시되어 있다.

핸즈코퍼레이션빌딩
HANDS Corporation Headquarters

김찬중 | 2013

용산구 한남대로 104(한남동)

핸즈코퍼레이션빌딩은 평상시 교통량이 많은 한남대로변의 한남대교 북단에 위치한, 오피스 건물이다. 건축가 김찬중은 건물을 도시 맥락과 대지의 성격에 어우러지게 구성하고자 했다. 자유로워 보이는 이런 입면은 사실 철저히 연구하고 계산한 컴퓨터 시뮬레이션이 바탕이 된 구조로 건축주의 다양한 요구를 담아내는 기능도 함께 갖추고 있다. 곡선이 튀어나온 부분마다 한남대로 건너편의 남산 자락과 서울의 풍광을 한눈에 볼 수 있는 발코니가 있다. 4,925×3,750밀리미터 크기의 프레임 모듈이 교차하는 그리드 시스템 위에 외부 공간을 덧붙이고 상층부와 하층부의 튀어나온 공간을 엇갈리게 교차했다. 디테일도 주의 깊게 계산된 입면 프레임은 두 종류가 번갈아가며 쓰였다. 이는 구조적 미학의 구현이자 빠른 속도로 지나는 자동차의 시각이나 주변 건물에도 대응하려는 고찰을 거친 결과물이다. 특히 부유하며 물결치는 형태의 백색 콘크리트 입면과 오른편의 어두운 유리를 두른 철골조 건물의 장중한 무게감과 대비를 이루며 거리에 경쾌한 표정을 더해준다.

양천구

YANGCHEON-GU

SBS방송센터
SBS Broadcasting Center

리처드 로저스, 정동명 | 2003

양천구 목동서로 161(목1동)

SBS방송센터는 목동 뉴타운 안 중심에 세워졌다. 영국 건축가 리처드 로저스가 현상설계에 당선되면서 설계를 맡았다. 지상 22층 오피스 타워와 8개의 스튜디오가 있는 지상 8층 스튜디오 건물, 이 두 건물을 잇는 유리 아트리움으로 나뉜다. 타워 건물은 인근 공원을 향해 서 있다. SBS방송센터에는 프로덕션과 방송 프로 편성 업무 공간뿐 아니라 뉴스, 교육, 음악, 라디오 스튜디오가 갖춰져 있다. 방송센터는 인근 지하철역을 통해 도시 곳곳과 직접 연결된다. 타워 건물은 가볍고 열려 있는 이미지를 주면서 변화하는 방송 세계의 수요에 맞춰 유연하게 대응하도록 설계되었다. 스튜디오 건물은 프로덕션과 방송국으로 사용하고 타워 건물은 관리동과 송전탑 역할을 한다. 아트리움은 SBS방송센터가 대중에게 보여주는 얼굴 역할을 한다. 바닥판과 천장, 벽을 추가해 높은 수준의 음향 분리 시스템을 갖춘 스튜디오를 구현하고 있다. 아트리움은 강관과 결착부로 구성된 프리캐스트 트러스 시스템을 구조적으로 활용했고 지붕과 벽은 평면 유리로 마감했다. 서비스 영역을 스튜디오 외부에 두어 접근과 유지·보수를 용이하게 했다. 프리플렉스 보(preflex beam) 구조를 사용해 타워 안 무주 공간을 만들었다. 동측 끝에 있는 코어부는 전부 유리로 마감했다. 타워 건물 중간부에는 발코니가 설치되어 인근 공원을 조망할 수 있는 2층 규모의 회의실이 있다. 타워 꼭대기 층에 있는 헬리콥터 착륙장은 캔틸레버로 돌출시켰다. 미니멀한 철골조 아트리움은 프레임이 없는 유리로 마감했다. 안테나 탑은 '미디어센터 건물 이미지를 더 강화하도록' 설계했다.

목동 하이페리온
Mok-dong Hyperion Towers

현대건설 | 2003

양천구 목동동로 257(목1동)

목동 하이페리온은 타워 3개를 모아 만든 주거 단지다. 가장 높은 타워 A는 69층, 높이 256미터로 완공 당시 한국에서 제일 높은 건물이었다. 현재는 서울에서 4번째로 높은 건물이다. 3개의 타워는 1개의 기단부를 함께 사용한다. 저층 기단부에는 백화점이 입점했고, 저층부에는 영화관과 지하철역으로 이어지는 터널이 있다.

구로구

디큐브시티

D-Cube City

삼우종합건축사사무소, 저드파트너십 | 2011
구로구 경인로 662 (신도림동)

디큐브시티는 일본의 모리빌딩(森ビル株式会社)이 참여한 서울 남서쪽 대규모 재개발 사업의 일환으로 건설되었다. 2004년 대성 연탄공장 대지 재개발이 확정되면서 프로젝트를 진행하고, 미국 로스앤젤레스의 저드 파트너십(Jerde Partnership)에서 기단부 설계를 맡았다. 디큐브시티는 사무 공간, 호텔, 상점이 들어온 43층 복합건물 중앙에 축약적 다목적 도시를 조성했다. 모양이 같은 주거 타워 2개와 퍼포먼스홀을 포함한다. 총 50층 규모의 타워는 쉐라톤호텔과 사무동, 컨벤션센터, 극장과 상점을 갖췄다. 9–26층은 사무동, 27–42층까지는 쉐라톤호텔로 쓰인다. 개발사인 대성산업은 183미터 높이의 원통형 오피스 타워에 본사를 두었다. 디큐브시티는 신도림 테크노마트 인근, 1호선과 2호선 환승역으로 서울에서 가장 붐비는 지하철역인 신도림역과 바로 연결된다.

광진구

GWANGJIN-GU

커먼그라운드
Common Ground

백지원 | 2015

광진구 아차산로 200(자양동)

코오롱FnC가 사업 다각화를 위해 2015년
4월 문을 연 국내 최초이자 세계 최대의 팝
업 컨테이너 복합 쇼핑몰이다. 약 1,600평
규모에 200개의 대형 컨테이너로 구성된 건
축물로, 세계 유명 컨테이너 마켓 중 가장 큰
규모이다. 서울 강남의 플래툰 쿤스트할레
로 성과를 올린 건축가 백지원은 커먼그라
운드를 통해 컨테이너를 활용한 공간 구성의
최적화를 보여준다. 공간은 중앙의 마켓 그
라운드 광장을 중심으로 파란색의 컨테이너
와 개구부로 구성되어 1, 2층의 쇼핑몰과 3
층의 테라스 마켓은 열린 'ㄷ'자 형태로 이루
어져 있다. 지하철 2호선과 7호선 전철이 교
차하는 건대입구역 주도로에 면한 입면부는
견고한 벽처럼 만들어져 도로의 소음을 막고
공간의 위요감(圍耀感)을 높인다. 컨테이너
가 주는 딱딱함과 단조로움을 피해 상층부에
테라스를 두고 내부를 자유로운 공간으로 구
성한 것이 눈길을 끈다.

꿈마루
Kkummaru

나상진 | 1970

조성룡, 최춘웅 | 2011(리노베이션)

광진구 능동로 216(능동)

서울 광진구 능동 어린이대공원 안의 꿈마루
는 원래 한국 1세대 건축가인 나상진의 설계
로 1970년에 지어진 건물이다. 완공 당시는
서울컨트리클럽 골프장 건물이었으나 1973
년 골프장이 국내 최초의 어린이대공원으로

바뀌며 공원 본부 건물로 운영됐다. 세월이 흘러 2010년 대공원의 건물 용도 변화에 맞추어 헐고 신축하려 했으나 건물의 이력을 조사하던 중 건축적 가치가 인정되어 건축가 조성룡의 리노베이션 설계로 재탄생했다. 설립 당시는 드문 노출콘크리트 건물로, 조성룡은 원 건물의 속살을 드러내고 철골로 보강해 시간성을 회복하는 개념을 적용했다. 동산의 경사로를 따라 올라가며 보이는 정면은 노출 콘크리트로 길게 드리워진 보와 건물 우측부의 내후성강판으로 만들어진 엘리베이터 덕분에 강하고도 당당한 느낌을 준다. 입구로 들어서면 천장 마감부를 그대로 드러낸 구조와 상층부까지 뚫린 공간이 전면의 유리 엘리베이터와 우측의 경사로와 혼재되어 미니멀한 구조미를 보여준다. 건물 왼쪽에 위치한 사무 공간과는 별개로 2층의 하늘정원과 3층의 북카페는 유기적으로 연관되어 건물을 탐방하는 이들에게 조용한 관조의 여백을 느끼게 한다.

서대문구

SEODAEMUN-GU

명지대학교
방목학술정보관
Myongji University
Bangmok Library

간삼건축종합건축사사무소 | 2010
서대문구 거북골로 34(남가좌동)

완만한 곡선 형태의 방목학술정보관이 명지대학교 캠퍼스에서 학생들을 맞이한다. 자유곡선의 외피는 유글라스로 마감하고 육면체 매스는 책, 종이, 서가와 관계 있는 목재인 이페(ipé)를 마감재로 사용했다. 유글라스를 통해 걸러진 빛이 실내로 들어와 대학교 도서관 안에 따뜻하고 편안한 분위기를 조성한다. 건축가의 말에 따르면 건물 외벽 마감에 쓰인 목재는 시간이 흘러 낡아지면서 '재료 속에 깃든 시간의 흐름을 기록'한다. 커다란 로비는 1층에서 4층까지 연결된 실내 정원으로 조성했으며 정숙하고 제약이 많은 전형적 도서관과 달리 '자유로운 공간'으로 설계했다. 천창을 통해 들어오는 자연광이 로비에 활기를 불어넣는다. 중앙 사각형 매스

는 서가 역할을 한다. 1층은 열람 구역과 세미나 구역으로 나뉜다. 두 구역 사이에 60센티미터의 바닥 단차를 두어 심리적인 경계를 만들었다. 로비는 두 구역을 합치기도 하고 분리하기도 한다. 내부 계단을 오르거나 유리 엘리베이터를 타고 올라가면서 도서관의 다양한 구역을 쉽게 볼 수 있다. 2층에는 14개의 스터디룸과 행정실, 방목기념전시실이 있다. 3층에는 도서, 학위논문실, 연속간행물 등의 서가가 있으며 3층 데크는 또 다른 주 출입구 역할을 해서 학생회관과 연결되어 있다. 이 밖에도 도서관 안에 강의실과 소규모 강당, 멀티미디어실, UCC스튜디오를 갖췄다. 4층도 비슷하게 방이 배열됐지만 좀더 많은 공간이 열린 스터디 공간으로 쓰인다. 열린 스터디 공간에는 원형 테이블을 두거나 창가에 좌석을 만들기도 하고, 로비를 향해 책상을 두거나 계단식 좌석을 설치하기도 했다. 방문객을 놀라게 하는 각 층의 뚫린 공간을 통해 가장자리에서 아래층을 내려다 볼 수 있다. 바닥과 천장 높이의 변화를 통해 공간의 다양성을 만들어낸다.

주한 프랑스대사관
French Embassy

김중업 | 1962
서대문구 서소문로 43-12(합동)

건축가 김중업이 7명의 한국 건축가와 경쟁해 현상 설계에 당선되면서 설계를 맡았다. 주한 프랑스대사관은 주거 건물과 대사관 건물로 이루어진다. 비스듬히 세워진 대사관 건물에서는 큰 규모의 경사 정원이 내려다보인다. 지붕은 동아시아 양식에 따라 우아한 곡선을 뽐내며 필로티가 건축물을 받친다. 이 프로젝트로 김중업은 성공적인 업적을 쌓기 시작했다. 최근 업무 공간 부족으로 대사관 신축 설계가 진행되며 김중업의 기존 건물이 철거될지도 모른다는 우려가 제기되고 있다.

선타워

Sun Tower

톰 메인 | 1996

서대문구 이화여대길 79(대현동)

미국 건축그룹 모포시스(Morphosis)의 건축가 톰 메인(Thom Mayne)이 설계를 맡은 선타워는 인접한 2개의 필지 위에 건설되었다. 토지 소유주 2명 사이에서 일어난 분쟁 탓에 2개의 건물로 표현하기 위해 중앙부를 수직으로 눌렀다. 거리에서 건물을 바라보면 외피에 둘러싸인 2개의 가느다란 타워가 올라온 모습을 볼 수 있다. 건축가의 말에 따르면 선타워는 '몸체의 실용적 요구 조건에서 외피의 공식적 요구 조건을 분리'해낸 건물이다. 대지의 제약과 포괄적인 프로그램, 건물 외관 극대화라는 요구 조건이 도전 과제였다. 나름의 방법으로 타워 높이까지 외피를 접고 감싸는 동시에 옥상층 기계실 공간에는 3층 규모의 트러스를 설치하는 방식으로 건물 외피는 도시 안 주변 환경 제약을 재해석한다. 쐐기형 매스가 입구 역할을 수행하고 축약된 공공 공간이 매스 안으로 삽입되었다. 10층 규모의 타워는 안에 상업 시설과 사무 시설을 함께 갖췄다. 구멍 난 알루미늄 반투명 막이 건물을 감싼다. 모포시스는 선타워 설계를 진행하면서 건물 안으로 들어오는 태양열을 줄일 수단으로 높은 성능을 구현할 건물 외피를 분석하기 시작했고 그 결과 구멍 낸 알루미늄으로 건물 주변을 감싸게 되었다. 막 같은 외피가 각기 다른 상황의 빛에 적응하면서 차양막의 일종인 브리즈솔레이유(brise-soleil) 역할을 한다. 햇살의 움직임은 철골과 유리로 마감한 내부 벽과 이를 감싼 외부 메시 스크린 위로 시각적 효과를 연출한다. 건물의 표면은 반투명과 불투명 사이를 계속 넘나든다. 의류 제조업자인 건축주의 의류 디자인과 종이접기에서 영감을 받아 설계한 건물 외부 '패브릭'은 해의 움직임에 따라 변하며 시각적 효과를 준다. 낮에는 빛을 반사하고 밤에는 내부로부터 빛을 발산해서 도시의 광고판 역할을 한다.

연세대학교 루스채플
Luce Chapel of Yonsei University

김석재 | 1974

서대문구 연세로 50(신촌동)

루스재단(Henry Luce Foundation)의 지원으로 건설된 루스채플은 연세대학교 캠퍼스 안에서 가장 인상적인 건축물이다. 건축가 김석재가 남북축을 따라 건물을 설계했다. 안에는 선교 본부는 물론 예배당과 기도실, 강의실, 사무실을 갖췄다. 대부분의 공식 행사와 예배 역시 이곳에서 진행된다. 예배당과 사무동은 하나의 로비로 연결되어 있다. 큰 계단을 올라 테라스를 통해 캠퍼스 중심길 백양로에서 로비로 접근할 수 있다. 경사지에 세워진 루스채플은 철근콘크리트, 철골 트러스 구조의 건축물이다. 출입구 위에 평평한 지붕이 항공모함이 뜬 것처럼 캔틸레버로 돌출되어 극적 효과를 연출한다. 루스채플 원일한홀은 2006년 준공되었다.

연희동 프로젝트갤러리
Yeonhui-dong Project Gallery

김찬중 | 2009

서대문구 연희로11가길 32(연희동)

2009년 준공된 연희동 프로젝트갤러리는 한국 현대 미술을 위한 공간으로 1년에 8회 정도 전시회가 열린다. 백색 외벽에 둥근 모서리를 가진 갤러리 건물은 금방이라도 녹아내릴 듯한 네모진 얼음 같다.

독립문

Dongnimmun

아파나시 이바노비치
세레딘사바틴 | 1897
서대문구 통일로 247(현저동)

1897년 독립협회(獨立協會)가 한국의 영구 독립을 선언하기 위해 조선 시대 한양을 찾아오는 청나라 사신을 영접하는 장소였던 영은문(迎恩門)과 모화관(慕華館)을 허물고 그 자리에 독립문을 세웠다. 당초 종로구 교북동에 있던 것을 1979년 서대문구 현저동 독립공원 안으로 이전·복원했다. 창건 당시 2,800제곱미터 규모에 총 공사비는 당시 화폐로 3,825원이 소요되었으며 현재 면적은 2,640제곱미터로 높이 14.28미터, 폭 11.48미터이다. 프랑스의 에투알 개선문(Arc de triomphe de l'Étoile)을 본떠 서재필이 스케치한 것으로 건축가 아파나시 이바노비치 세레딘사바틴이 설계했다. 공역은 당시 왕실 최고의 도편수였던 심의석이 담당하고 노역은 주로 중국인 노무자들을 고용했다. 외관은 석조 건물로 보이지만 실제 구조는 철근콘크리트조에 돌을 붙여 입힌 것이다. 출입구 중간에 서양식 기중 머리와 아치 상단의 키스톤에는 대한제국 황실을 상징하는 오얏꽃 문양이 장식되어 있다. 약 1,850개의 화강석으로 구성됐으며 근대적인 재료와 공법으로 지어져 한국 근대건축사의 소중한 자료가 되고 있다. 중앙에는 홍예문(虹霓門)이 있고 왼쪽 안에 정상으로 통하는 돌층계가 있는 구조이다. 문 앞에는 옛 영은문의 주초(柱礎)였던 두 돌기둥이 있다. 1963년 사적 제32호로 지정되었다.

이화여자대학교
이화캠퍼스복합단지
**Ewha Womans University
Campus Complex, ECC**

도미니크 페로 | 2008
서대문구 이화여대길 52(대현동)

지하 건축물을 더 선호하기로 유명한 프랑스 건축가 도미니크 페로(Dominique Perrault)가 설계를 맡았다. 이 지하 건축물은 캠퍼스 안 가장 상징적 건축물인 본관 파이퍼홀을 가리지 않고 오히려 드러내도록 설계되었다. 이전 운동장 대지에 건설된 6층 규모의 이화캠퍼스복합단지 안에는 세미나실과 도서관, 사무 공간, 스포츠 시설, 주차장이 갖추어져 있다. 주요 광장이 한 중간을 관통하면서 양쪽으로 건물이 둘로 나뉜다. 한쪽은 경사로가, 다른 한쪽은 거대한 계단이 나 있다. 계단은 원형 극장 역할도 동시에 수행한다. 녹지 지붕이 캠퍼스 경관에 융화되는 동시에 중앙 광장은 정문으로 난 길과 연결된다. 2개의 거대한 커튼월 외벽은 중앙 공간을 마주하고 선다. 모든 옹벽은 냉난방을 위한 지열에너지를 이용한다. 유리 외벽면의 프레임은 반사도가 높아서 더 많은 자연광이 지하 광장 안으로 유입된다. 실내 계단은 방향을 바꿔가며 배치되었고, 이와 달리 건물 안의 강의실은 일직선으로 배치되었다.

성북구

대양갤러리&하우스
Daeyang Gallery & House

스티븐 홀, 건축사사무소 이래건축 | 2012
성북구 선잠로7길 13 (성북동)

미국 건축가 스티븐 홀(Steven Holl)이 설계한 고급 주택으로 성북동 언덕에 위치한 건물 안 3개의 파빌리온은 각각 로비와 주거 공간, 연회장으로 쓰인다. 건물 중앙에는 일부 바닥을 유리로 마감한 연못을 설치해 자연광이 연못을 통해 아래층까지 비치도록 했다. 이어지는 아래층 갤러리 위로 3개의 파빌리온이 앉았다. 정원 벽면은 대나무 무늬를 수평으로 새겨 미감했다. 방문객은 입구에서 계단을 따라 올라오면서 팔꿈치 높이에서 물을 감상할 수 있다. 건물 중앙에 서면 하늘과 물, 초목, 붉게 부식된 동판재 마감벽이 한데 어우러진 모습이 보인다. 지붕을 뚫고 설치된 선명한 유리의 가느다란 천창이 붉고

검은 나무로 마감한 얼룩무늬 파빌리온 내부를 깨운다. 안으로 비치는 햇살은 하루 동안 혹은 계절에 따라 모습을 바꿔가며 공간 내부를 배회하고 여기저기 부딪치며 공간에 생기를 불어넣는다. 연못 바닥에 난 가느다란 유리를 통해 빛이 수면을 뚫고 아래층 갤러리의 백색 벽과 화강석 바닥의 까지 도달한다. 갤러리와 주거 공간 모두 지열을 활용한 냉난방 시스템을 사용한다. 출입구는 연못을 통과해 내려가도록 설계했다. 외부에서 보면 건물 3개가 기단부 위로 우뚝 솟아나온 듯 보인다. 수면은 상부 동판재 패널과 하부 콘크리트 바닥면을 이어주는 역할을 한다. 155개의 가느다란 형태의 천상을 통해 자연광이 실내로 유입된다. 파빌리온 지붕마다 5개의 선명한 유리 천창이 나 있다. 비율은 3, 5, 8, 13, 21, 34, 55 순으로 구성된다. 연못에는 수면 위로 반사되는 빛이 빛의 다리를 만들어낸다.

한국가구박물관
Korea Furniture Museum

건축가 미상

성북구 대사관로 121(성북동)

옥외 박물관처럼 여러 채의 한옥이 모여 한국가구박물관을 이룬다. 박물관에는 설립자 가족이 수집해온 2,000여 점의 한국 목조 가구가 전시됐다. 설립자인 정미숙 관장은 14년 동안 10채의 한옥이 모인 이 한국가구박물관을 일구어왔다. 정미숙 관장은 1960년 외무부장관을 지냈던 아버지 정일형과 한국 최초의 여성 변호사였던 어머니 이태영 사이에서 태어났다. 박물관에는 궁궐과 사대부집에서부터 창고와 부엌까지 다양한 종류의 한옥이 모였다. 박물관에 들어서자마자 방문객은 궁궐 양식인 궁채로 안내된다. 직사각형 마당이 딸린 궁채는 1층에 로비와 연회장이 있고 지하 1–2층에 전시실을 두었다. 자연광이 지하층까지 들어온다. 전시품은 진열장 없이 한지로 마감한 방 안에 전시되었다. 계단은 특별 전시실로 동선을 유도하고

전시 공간은 사대부집과 연결된다. 215제곱미터 면적의 특별 전시실에서는 기획 전시가 열린다. 사대부집에서 조선 시대 가구가 어떻게 배치되고 사용되었는지를 살펴볼 수 있다. 창문과 벽 크기의 상대적인 비율에 따라 가구 크기와 차지하는 비율이 정해진다. 궁채는 1970년대 창경궁 일부가 헐릴 때 가져온 기둥과 기와를 살려 재건축했다. 사대부집은 박물관이 순정효황후가 실제 살던 집을 매입해서 옮겨와 복원해놓은 것이다. 곳간채는 원래 마포구에 있던 명성황후 오라버니가 살던 집의 곳간을 옮겨와 복원한 것으로 지금은 행사장과 연회장으로 쓴다. 한국가구박물관은 '현대 삶과는 어울리지 않는 한옥의 단점 개선'이라는 목표를 잘 보여주고 있다. 박물관은 전기, 냉방, 난방 시설을 모두 갖췄으며 건물 안에서 방문자들은 신발을 벗거나 바닥에 앉지 않아도 된다. 한국가구박물관은 과거의 주거 환경을 재현하면서 가구와 일상생활은 떼어놓을 수 없다는 사실을 증명한다.

삼청각

Samcheong-gak

정재원 | 1972

성북구 대사관로 3(성북동)

삼청각은 매일 행사가 진행되는 전통문화예술 복합공간으로 연회장, 한식당, 다원 등을 갖췄다. 오염되지 않은 자연 그대로의 산비탈에 지어진 삼청각의 이름은 '가장 맑은 기운을 지닌 집'을 의미한다. 주 건물인 일화당을 중심으로 그 주변에 유하정, 청천당, 천추

당, 동백헌, 취한당이 있다. 2000년 서울시가 인수하면서 일반인도 이곳의 멋진 경치를 감상하며 식사를 할 수 있게 되었다. 삼청각은 원래 유명한 요정(料亭)이었다. 이곳에서 일하던 기생들은 연회에서 노래를 부르고 춤을 추거나 시 낭송을 하며 흥을 돋웠다.

1970-1980년대에는 이곳에서 비밀 정치 회담이 열리곤 했다. 또한 외교관을 접대하고 정치 회담이 열리는 장소이기도 했다. 오늘날 삼청각에서는 문화 공연, 가족 모임, 비즈니스 회의, 워크숍, 세미나, 다도 같은 행사가 열린다.

길상사

Gilsangsa

건축가 미상

성북구 선잠로5길 68(성북동)

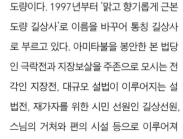

원래 유명 요정인 대원각이었으나 주인인 김영한의 요청으로 1995년 6월 13일 대한불교 조계종 송광사 말사인 대법사로 등록된

도량이다. 1997년부터 '맑고 향기롭게 근본도량 길상사'로 이름을 바꾸어 통칭 길상사로 부르고 있다. 아미타불을 봉안한 본 법당인 극락전과 지장보살을 주존으로 모시는 전각인 지장전, 대규모 설법이 이루어지는 설법전, 재가자를 위한 시민 선원인 길상선원, 스님의 거처와 편의 시설 등으로 이루어져 있다. 법정 스님의 진영을 모시고 스님의 저

194

서 및 유품을 전시한 전각인 진영각 또한 도
량 안에 있다. 특이한 점은 종교 간의 경계를
넘나드는 설치물이다. 도량 안 길상보탑은
길상사와 천주교 성북동성당, 대한예수교장
로회 덕수교회가 함께한 종교 간 교류의 의
미를 담아 지어졌으며, 마당 한켠에서 자애
로운 눈길로 사바세계를 내려다보는 관세음
보살석상은 천주교 신자인 조각가 최종태가

만들어 봉안한 것으로 종교 간 화해의 염원
을 담고 있다. 야트막한 산세에 정갈히 앉혀
진 한옥과 조그마한 현대식 건물이 잘 어우
러져 깨끗하게 정돈된 마당과 더불어 산책의
묘미를 준다. 사찰로 바뀌며 일부 조정된 공
간도 있지만 자연을 끼고 조성된 기존의 음
식점 시설을 거의 그대로 불교 사찰로 쓰고
있는 것도 주목을 끈다.

송파구

올림픽주경기장

Olympic Stadium

김수근 | 1984

송파구 올림픽로 25(잠실동)

1988년 하계 올림픽은 한국을 세계에 알리고 민주주의를 선도한다는 측면에서 큰 성공을 거둔 국제 행사였다. 6만 9,950석 규모의 올림픽주경기장은 1977년 착공해 올림픽보다 4년 빠른 1984년에 완공되었다. 처음에는 아시안게임 개최를 목적으로 건설되기 시작했다. 1981년 서울이 올림픽 개최지로 선정되면서 경기장은 서울 남동쪽에 세워진 잠실 올림픽 스포츠 콤플렉스의 상징적인 건물이 되었다. 같은 해 서울이 올림픽 개최지로 확정되면서 경기장은 더 보완되어 건설됐지만 건축가 김수근의 원설계안 속 그릇 형태는 여전히 남아 실현되었다. 활 모양 콘크리트 기둥은 조선백자의 곡선을 본떠 설계되었다. 처음에는 10만 명의 관중을 수용할수 있는 규모로 지어졌고, 크게 2단으로 나눠지며 상부는 완전히 덮었다. 올림픽 기간동안 올림픽주경기장에서는 개막식, 폐막식, 육상 경기, 축구 결승전, 승마 장애물 뛰어넘기 개인전 결승이 치러졌다. 지금은 서울 이랜드 FC 홈구장으로 쓰인다.

올림픽체조경기장
Olympic Gymnastics Hall

김수근, 류춘수 | 1986

송파구 올림픽로 424 올림픽공원(방이동)

1만 4,730석 규모의 올림픽체조경기장은 실내 스포츠 원형 경기장이다. 1988년 하계 올림픽 당시 이 경기장에서 체조 경기가 진행되었다. 미국인 엔지니어 데이비드 가이거(David H. Geiger)가 지름 120미터의 반투명 천막 지붕을 설계했다. 이런 형식의 건축물은 올림픽체조경기장이 세계 최초였다. 네 겹의 천을 지붕재로 사용한 자립형 케이블 돔으로 경기장 안에는 단 하나의 기둥도 없다. 현재는 주로 공연장으로 사용한다.

올림픽공원경륜장
Olympic Velodrome

김수근, 우시용 | 1986

송파구 올림픽로 424 올림픽공원(방이동)

타원형의 경기장으로 1988년 하계 올림픽 당시 경륜 경기가 열렸으며 6,000명의 관중을 수용할 수 있다. 회색과 연노란색을 띠는 경기장은 외관에 알루미늄 마감재를 사용해 마치 바퀴처럼 보이기도 한다.

올림픽공원 세계평화의문
World Peace Gate

김중업 | 1988

송파구 올림픽로 424 올림픽공원(방이동)

올림픽공원 서문에 서울올림픽을 기념해 세워진 세계평화의문 정중앙에는 서울 평화 선언문이 새겨진 영원히 꺼지지 않는 불, '평화의 성화'가 놓여 있다. 철골 철근콘크리트조의 세계평화의문은 올림픽공원 안 선린기념공원에 세워졌다. 24미터 높이 세계평화의문은 엄숙한 분위기의 외관을 자랑한다. 상부 날개 하단부에는 성균관대학교 백금남 교수가 사신도를 그려 넣었다. 오른쪽에는 현무와 주작, 왼쪽에는 청룡과 백호가 그려져 고구려 벽화를 형상화했다. 문의 형태는 르코르뷔지에가 인도 찬디가르에 설계한 사무국 건물을 연상시킨다. 세계평화의문 앞 양쪽에는 조각가 이승택의 작품인 '열주탈'이 각각 30개씩 늘어섰다. 탈은 청동 재질이고 기둥은 석재로 만들었다.

올림픽수영장
Olympic Pool

김수근 | 1988

송파구 올림픽로 424 올림픽공원(방이동)

올림픽공원 안 1만 명의 관중을 수용할 수 있는 실내수영장이다. 양쪽에 대들보를 세워 조개형의 김수근식 설계를 완성했다. 수영장 바닥면을 수직으로 이동시켜 수심을 조절할 수 있다.

올림픽역도경기장
Olympic Weightlifting Gymnasium

김종성 | 1986

송파구 올림픽로 424 올림픽공원(방이동)

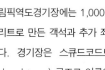

올림픽공원에 있으며 1988년 서울올림픽 당시 역도 경기가 열리던 경기장이었다. 이후 역도경기장은 '우리금융아트홀'로 이름을 바꾸고 뮤지컬 전문 공연장으로 탈바꿈했다. U자형의 경기장은 북쪽 더 높은 레벨의 보행로에서 접근이 가능하다. 남측면 무대 뒤에 경기장 이외의 별실을 갖췄다. 54×79 미터의 거대한 단일 공간 경기장이었던 올림픽역도경기장에는 1,000석 규모의 콘크리트로 만든 객석과 추가 좌석이 배치되었다. 경기장은 스큐드코드트러스(skewed chord truss) 구조로 이루어져 있다. 상현재가 축에 수직인데 반해 하현재는 축과 45도 각도를 이룬다. 반투명 글라스울 패널로 7미터 높이의 경사벽을 마감해 자연광이 실내로 유입되도록 했다. 기단부는 화강석으로 외벽을 마감했고 경사지 상부는 모서리를 둥글게 마감했다.

한성백제박물관
Seoul Baekje Museum

김용미 | 2012

송파구 위례성대로 71(방이동)

기원전 18년부터 기원후 660년까지 이어진 고대 국가 백제의 역사와 문화를 이야기하는 곳이다. 백제 시대는 물론 한강 유역을 차지했던 고구려, 신라 등 여러 고대 국가의 유물 약 4만 2,000여 점을 소장하고 있다. 서울은 백제가 건국 이후부터 서울에서 남쪽으로 약 162킬로미터 떨어진 오늘의 충청남도 공주로 수도를 옮긴 기원후 475년까지 약 500년 동안 백제의 수도였다. 박물관은 지하 3개 층을 포함해 총 5층 규모의 건물이다. 설계는 금성종합건축사사무소의 건축가 김용미가 맡았으며 해양국가 백제의 해상권을 의미하는 돛단배 모양으로 박물관을 설계했다. 백제 시대에 축조된 몽촌토성을 배경으로 박물관의 모습이 더 돋보인다. 백제는 한강과 서해를 통해 일본, 중국과 무역을 하면서 국력을 키웠다. 그런 점에서 박물관의 위치가 한강 근처라는 점은 상당히 큰 의미를 가진다.

소마미술관
Soma Museum of Art, SoMA

조성룡 | 2004

송파구 위례성대로 51(방이동)

올림픽공원의 야외조각전시장 안에 위치한 소마미술관은 건축가 조성룡의 공간 해석이 잘 드러나는 건물이다. 다듬어지지 않은 듯한 노출콘크리트와 목재 마감의 단순해 보이는 외양과는 달리 내부 6개의 전시실은 자연의 구릉을 따라 유기적으로 잘 이어지는 한편의 이야기를 제공한다. 소마미술관은 연면적 10,191제곱미터에 지상 2층으로 이루어져 있으며, 전시 공간은 창을 통해 자연광이 그대로 투과되어 시간과 날씨, 창의 크기에 따라 은근한 혹은 매우 밝고 투명한 채광 효과를 보인다. 이런 특성이 내밀함을 요구하는 미술품 전시에는 다소 불편함을 주기도 하지만, 이 미술관은 전시동과 공간이 지형에 순응하고 공간의 특성과 기능에 따라 땅과 적절하게 만나며, 지면 차이와 공간의 높이를 이용해 수평성을 강조하면서 유기적 순환 체계를 형성한다. 특히 차경적(借景的)인 요소를 적극 활용한 개방적이면서도 확장된 공간이 주는 매력이 크다.

퍼시스 본사
Fursys Headquarters

김석주 | 2008

송파구 오금로 311(오금동)

퍼시스는 한국에서 지명도가 높은 가구 브랜드이자 직원 복지 측면에서 평판이 좋은 회사다. 원도시건축건축사사무소의 건축가 김석주가 설계한 새로운 서울 본사 건물은 이용자에게 '친숙하게' 접근한다는 측면을 인정 받아 2개의 건축상을 수상했다. 분명 본사 앞을 지나다니는 사람들의 눈길을 잡아끌기에 충분한 건축물이다. 건물 안에는 3층과 하늘정원에 유쾌한 옥외 공공 공간을 갖췄다. 송파구는 서울 안에서도 녹지가 많다고 알려진 곳으로, 옥상정원 일부를 유리로 마감해 정원에서 인근 녹지를 조망할 수 있도록 했다.

동대문구

DONGDAEMUN-GU

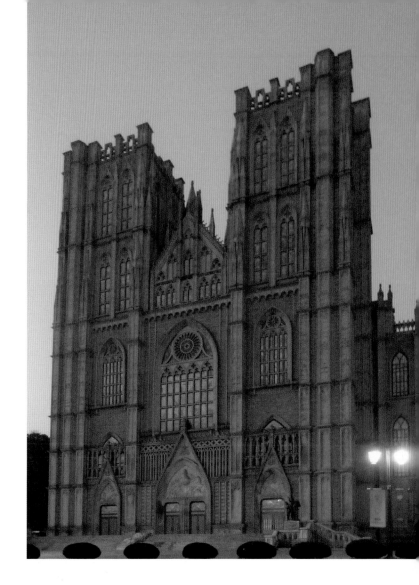

경희대학교 평화의전당

Grand Peace Palace at Kyunghee University

조영식 | 1999

동대문구 경희대로 26 경희대학교(회기동)

4,500명을 수용할 수 있는 공연장으로 클래식부터 팝 콘서트까지 다양한 공연을 감상할 수 있다. 밖에서 바라보면 마치 유럽의 고딕 성당, 특히 파리 노트르담대성당을 보는 듯한 착각이 들기도 한다. 하지만 당시 총장이 었던 조영식 박사가 외관에만 고딕 성당의 특징을 적용했을 뿐 내부는 보통의 서양식 건물처럼 실을 나누어 설계했다는 사실을 유럽인들이 안다면 적잖이 놀랄 것이다.

성동구

SEONGDONG-GU

청계천문화관
Cheonggyecheon Museum

정림건축종합건축사사무소 | 2005
성동구 청계천로 530(마장동)

흉물스러운 고가도로에 가려졌던 청계천은
물길을 따라 조성된 도시 안 야외 공간이자
인기 명소로 새롭게 태어났다. 최근 몇 년 동
안 서울의 가장 성공적인 도시환경 개선 운
동이었던 청계천 복원 사업을 기념하기 위
해 청계천문화관이 문을 열었다. 문화관은
2005년 다시 문을 연 청계천 바로 옆에 세
워졌다. 유리로 마감한 기다란 외관은 서울
의 심장을 흐르고 있는 청계천을 표현하고
있다. 반투명 유리를 접어 마감한 건물 외벽
이 출입구 플랫폼 위로 '물과 같이 흐르는' 것
처럼 보인다. 내부 인테리어 대부분이 흐른
다는 개념을 바탕으로 설계되었다. 방문객
은 엘리베이터를 타고 4층까지 올라가 경사
로를 통해 내려온다. 실내는 통로와 전시실
을 분리하지 않았다. 문화관은 상설 전시실
과 기획 전시실, 교육실, 강당을 갖췄다. 상

설 전시실에는 1950년대 청계천이 복개되
기 전, 복개 후, 현재와 같이 복원된 이야기
를 전시 형식으로 보여준다. 백색 석회석과
흑색 석재, 노출콘크리트를 사용해서 건물
전체를 마감했다.

강북구

GANGBUK-GU

북서울 꿈의숲

Dream Forest

씨토포스, 시간건축사무소, IMA디자인그룹 | 2009
강북구 월계로 173(번동)

강북구의 옛 드림랜드 대지에 조성된 북서울 꿈의숲은 90만 제곱미터로 서울에서 네 번째로 넓은 공원이다. 2000년대 들어서면서 드림랜드가 쇠락하자 서울시가 강북 지역의 녹지공원 부족을 해소하기 위해 드림랜드 대지를 인수한 뒤 주변 지역을 포함해서 드림랜드의 2배에 달하는 녹지 공원으로 조성해 2009년 10월 17일에 개장했다. 공원 전체가 아파트 단지와 주택가로 둘러싸여 도심의 섬 같은 형상인데, 공원 경계부에 포켓파크와 쌈지마당, 가로공원, 산책로, 체력 단련장 등 인근 주민이 쉽게 이용할 수 있는 생활 공원으로서의 다양한 공간을 조성했다. 공원은 크게 중심부의 오픈필드와 좌우의 경관 숲, 단풍숲, 초화원으로 이루어져 있다. 공원 안 주 동선에는 벚꽃 길을, 공원의 북쪽 아파트 지역과 인접한 곳에는 단풍 숲을 조성했다. 공원 동남쪽에는 등록문화재 제40호인 전통 한옥 창녕위궁재사(昌寧尉宮齋舍)를 복원해 세웠으며 주변에 연못과 정자, 칠폭지를 조성했다. 눈썰매장 조성으로 훼손된 공원의 남서쪽 입구에는 300석 규모의 공연장 2개와 다목적 홀, 전망대로 구성된 아트센터가 건립되었다. 해발 139미터에 달하는 아트센터 옆 전망대에서는 북쪽으로 북한산·도봉산·수락산을, 남쪽으로는 남산과 한강까지도 조망할 수 있다. 아울러 미술관과 방문자센터, 레스토랑 등의 시설도 갖췄다.

강서구

GANGSEO-GU

김포국제공항

Gimpo International Airport

TAMS | 1980(국내선 터미널, 옛 터미널 1)

교우건축종합건축사사무소 | 1988(국제선 터미널, 옛 터미널 2)

강서구 하늘길 38(방화동)

김포국제공항은 한국에서 두 번째로 큰 공항이다. 국제공항이라고 불리지만 김포공항에서 출발하는 비행기 대부분은 국내선이다. 국제선 기능 대부분은 인천국제공항으로 이전되었다. 김포공항은 일본군이 활주로를 만들어 1939년에서 1942년까지 사용하면서 공항으로 기능하기 시작했다. 국내선 터미널은 미국 TAMS(TAMS Architects and Engineers)에서 설계했고 국제선 터미널은 교우건축종합건축사사무소에서 설계를 맡았다. 메탈 시트로 마감한 거대한 '아시아적' 경사 지붕은 일본 건축가 단게 겐조(丹下健三)가 설계했던 대동아 공영권 기념관을 연상시킨다.

인천

INCHEON

인천아트플랫폼
Incheon Art Platform

황순우, 김용하, 김정훈, 임종엽, 박신의 | 2009
인천광역시 중구 제물량로218번길 3(해안동)

인천광역시가 구도심 재생 사업의 일환으로
개항장의 창고 등 근대 건축물을 중심으로
인근 건물을 매입해 조성한 복합 문화 예술
공간이다. 건축가는 기존의 과밀화된 공간
을 덜어내고 비우며 남긴 2개 단지 총 13동
의 건물을 리모델링해 건물 사이를 연결하는
회랑을 두어 활력과 쓰임이 있는 공간으로
만들었다. 이 공간이 위치한 해안동 일대는
1883년 개항 이후 건립된 건축물과 1930–
1940년대에 지어진 건축물이 잘 보존된 구

역으로 근대의 건축 기술과 역사적 기록에
중요한 자료적 가치를 지닌다. 건축가는 도
시의 역사성과 장소성을 최대한 살려 '도시
재생'이라는 주제를 세우고, 역사의 기억을
환기하고 미래를 준비하는 공간을 만들려면
기존 건물을 이용한 문화 시설을 매개로 도
시가 살아나야 한다고 생각했다. 계획 단계
에서 몇 가지 역점을 두었는데 우선 옛 건물
의 형태나 역사적 공간 등 문화적인 경관을
복구하기 위한 주변 정비 계획을 수립하고,
지역 활성화를 위해 차이나타운 활성화와 과
거 인천시청이었던 중구청 앞 문화재 건물을
가로박물관으로 활용하는 방법 등을 고민했
다. 또 문화 공간 조성을 통한 지역 활성화
를 위해 인천아트플랫폼의 대지인 두 블록
을 묶어 점점 사라지는 근대의 창고를 스트
리트 뮤지엄으로 재창출했다. 인천아트플랫
폼을 둘러보면 오래된 건물에서 울리는 벽돌
의 노래뿐 아니라 건물 사이에 관입된 유리
건물의 청량함이나 스트리트 퍼니처와 보도
에 이르기까지 많은 이야기가 느껴진다. 특
히 이 플랫폼 단지 계획은 근대 건축물의 주
변 건축물 정비 계획과 경관 디자인 가이드
라인을 설정해 도시 계획의 틀을 마련했다는
점에 큰 의의를 둘 수 있다.

예술공간 트라이보울
Art Space Tribowl

유걸 | 2009

인천광역시 연수구 인천타워대로 250(송도동)

2009년 인천세계도시축전을 기념하기 위해 건설되었다. 하늘(공항), 바다(항만), 땅(광역교통망)이라는 세 요소가 조화를 이루는 인천을 상징적으로 표현하는 것은 물론 인천경제자유구역인 송도, 청라, 영종도를 나타내기도 한다. 건축가 유걸은 이 복합문화 공간을 종유석 3개가 이어진 형태로 설계했다. 건물 내부는 행사장과 다목적홀, 디지털도서관을 갖춘 문화 공간이다. 연못 위에 세운 트라이보울은 마치 물 위에 띄운 커다란 그릇 같다.

동북아무역타워
North East Asia Trade Tower, NEATT

KPF, 희림종합건축사사무소 | 2014

인천광역시 연수구 컨벤시아대로 165(송도동)

동북아무역타워는 KPF가 설계한 또 다른 건축물인 송도컨벤시아 인근에 게일인터내셔널(Gale International)의 의뢰로 건설되었으며, 송도의 랜드마크 역할을 한다. 2015년 기준 높이 305미터, 지상 68층 규모로 한국에서 두 번째로 높은 건물이다. 19개 층을 사무 시설로 사용하고 다른 층에는 고급 호텔과 레지던스 호텔, 상점이 입주했다. 기둥이 없는 실내에서는 송도의 센트럴파크를 조망할 수 있다. 로비는 프랑스산 석회석으로 바닥, 미국 버몬트산 점판암으로 벽을 마감했다. 타워 꼭대기 층에서는 파노라마 뷰를 즐길 수 있다. 비틀린 타워의 형태는 2001년 9월 11일 알카에다의 테러로 무너진 뉴욕의 세계무역센터 자리인 뉴욕 그라운드 제로에 새롭게 세운 세계무역센터의 형태와 유사하다.

포스코E&C타워
Posco E&C Towers

닛켄세케이 | 2010

인천광역시 연수구 인천타워대로 241(송도동)

송도의 포스코E&C타워의 설계는 닛켄셋케이에서 맡았다. 높이 185미터, 지상 39층 규모의 타워 2개로 이루어져 있다. 포스코건설 본사 건물인 이 타워에는 3,200여 명의 직원이 근무한다.

G타워
G-Tower

해안종합건축사사무소 | 2013

인천광역시 연수구 아트센터대로 175(송도동)

송도 안에 건설된 G타워는 해안종합건축사
사무소가 설계를 맡은 타워 건물이다. 삼각
형으로 오려낸 듯한 건물의 형태는 마치 종
이접기한 것 같다. 지상 33층 규모로 국제
기구 녹색기후기금(Green Climate Fund,
GCF)이 입주해 있다. 오려낸 듯한 건물 27
층 부분을 방문객이 쉴 수 있는 하늘정원으
로 조성했다. 145미터 높이의 G타워는 주
변에서 쉽게 눈에 띈다.

송도컨벤시아
Songdo Convensia

KPF, 범건축종합건축사사무소 | 2008

인천광역시 연수구 센트럴로 123(송도동)

인천국제공항과 가장 가까운 컨벤션센터로
이곳에서는 회의, 전시, 행사, 공연이 연중
계속된다. 전시장 안에는 부스를 450개까지
설치할 수 있고 2,000명을 수용할 수 있다.
설계를 맡은 KPF는 미국그린빌딩위원회
(US Green Building Council, USGBC)
에서 개발 및 시행 중인 친환경 건축물 인증
제도 LEED(Leadership in Energy and
Environmental Design) 인증을 받은 이
건물을 '아시아 최초 친환경 컨벤션센터'라
고 소개한다. 5개 층을 통틀어 면적이 5만
4,000제곱미터에 달하는 컨벤시아에서는
다양한 전시회와 공연을 열 수 있다. 모든 회
의실에서는 무선인터넷이 가능하며 음성작
동카메라와 LCD프로젝터가 설치됐다. 연
회, 가족 행사, 결혼식을 위한 뷔페 서비스도
제공한다. 인천국제공항에서 차로 15분, 서
울에서는 1시간이 걸리며 주변에는 호텔과
백화점, 쇼핑몰이 운영 중이다. 접어놓은 듯
한 모양의 지붕은 요른 웃손(Jørn Utzon)의
시드니 오페라하우스를 연상시킨다.

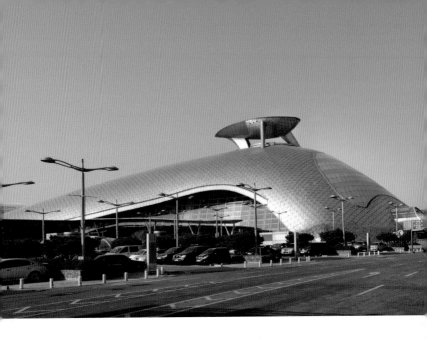

인천국제공항 교통센터
Incheon International Airport Transportation Center

테리 파렐, DMJM | 2001

인천광역시 중구 공항로 271(운서동)

한국에 도착하는 사람들이 가장 먼저 마주하는 한국의 입구이자 허브 공항의 주요 교통 시설이다. 지상의 자동차, 철도와 비행기 사이를 환승하기 위한 모든 승객들은 초현대적인 건축물인 이 교통센터 건물을 거쳐 간다. 영국 건축가 테리 파렐(Terry Farrell)이 DMJM과 협업해 설계를 진행했다. 인천공항철도와 도시전철이 이곳에서 만난다. 인천국제공항 교통센터는 남북축을 따라 대칭되는 형태로 설계되었고 주차장과 기차역, 승객 이동 시스템을 갖췄다.

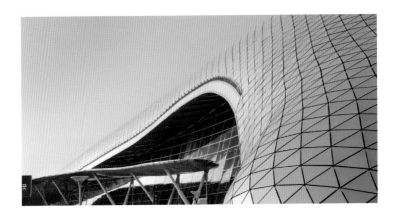

인천국제공항
Incheon International Airport

펜트레스아키텍츠,
아키텍츠컬래버레이티브 | 2001
인천광역시 중구 공항로 272(운서동)

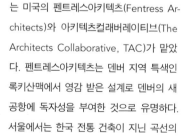

새로운 '동북아시아로 통하는 입구'라고 불리는 인천국제공항은 한국에서 가장 큰 건축물로 서울 도심에서 약 50킬로미터 떨어진 곳, 서해의 영종도와 용유도 사이를 매립해 만든 인공 섬 위에 건설되었다. 터미널의

규모는 5만 5,000제곱미터에 달하며 설계는 미국의 펜트레스아키텍츠(Fentress Architects)와 아키텍츠컬래버레이티브(The Architects Collaborative, TAC)가 맡았다. 펜트레스아키텍츠는 덴버 지역 특색인 록키산맥에서 영감 받은 설계로 덴버의 새 공항에 독자성을 부여한 것으로 유명하다. 서울에서는 한국 전통 건축이 지닌 곡선의 미를 모티브로 터미널의 지붕이 완만한 곡선을 그리며 공항 건물 위를 휩쓸도록 설계하기로 결정했다. 매년 2,700만 명의 승객

이 터미널을 이용하며 1억 명 이상을 수용하도록 확장할 수도 있다. 터미널은 두 기둥을 사이에 두고 곡선 형태를 그린다. 지붕의 곡선 형태는 한국 사찰에서 모티브를 가져왔으며 내부 인테리어는 한국 전통 정원의 특징을 옮겨왔다. 중앙홀은 자연광이 가득 들어오도록 설계되었다. 인천국제공항은 무빙워크나 사이버에어포트 같은 승객 편의 서비스를 제공하며 국제공항협의회가 실시하는 공항 서비스 평가에서 2015년 기준 10년 연속 세계 1위 최우수 공항으로 선정되기도 했다.

파주

PAJU

아시아출판문화정보센터

**Asia Publication Culture
& Information Center**

김병윤 | 2004

경기도 파주시 회동길 145(문발동)

파주출판도시(Paju Book City)는 문화체육
관광부 산하의 복합문화 공간이다. 건축가
승효상과 민현식의 지휘 아래 출판인과 건

축가의 협업으로 조성된 도시로 국내외 35
명의 건축가가 설계한 160개의 건물이 모여
있다. 출판도시 1단계와 현재 조성 중인 2단
계를 포함해 350여 개의 출판사가 운영 중
이며 3만 명이 넘는 사람이 근무한다. 기획
부터 인쇄, 유통에 이르는 출판 전반의 모든
과정을 수행할 수 있다. 아시아출판문화정보
센터는 이곳의 물리적 중심지이자 심장부이
다. 공모를 통해 당선된 건축가 김병윤은 5

개 층 규모의 건축물로 정보센터를 설계했다. 평면상 길고 좁은 공간이 보이드(void)와 번갈아 나타난다. 외부는 내후성(耐朽性) 강판과 목재, 유리로 마감했다. 카페와 서점, 갤러리, 레스토랑뿐 아니라 다목적 홀과 큰 규모의 콘퍼런스룸을 갖췄으며 이벤트홀과 전시실도 있어 전시회나 포럼이 열리기도 한다. 외부에는 이벤트 광장, 아시아 광장, 물의 공원 같은 야외 공간을 조성했다.

김형윤편집회사

Kim Hyung Yoon Editing Co.

비센테 과야르 | 2001

경기도 파주시 문발로 240-15(문발동)

김형윤편집회사가 입주한 건물은 단단한 매스 위에 3차원 길 또는 '산책로'를 새겨 넣은 듯한 외관을 보여준다. 스페인 건축가 비센테 과야르(Vicente Guallart)는 6×3미터를 기본 유닛으로 설계했다. 건물을 방문하는 사람은 둘로 나뉜다. 지하에는 문화 시설인 포토 스튜디오와 콘퍼런스룸이 있고 출입구가 있는 1층에는 고서점 겸 카페인 문발리 헌책방골목 블루박스가 입주했다. 중앙에 회의실을 갖춘 각 층 사무실마다 출판사의 각 부서가 근무한다. 상부층에 배치된 사장실과 편집장실은 2개의 정원을 바라보고 있다. 철골조 건물 안에는 목재보를 설치하고 목재로 표면을 마감했다. 건물 외부에는 알루미늄 창을 배치해 청록색, 자홍색, 노란색, 검은색의 착색유리를 설치했다.

교보문고센터
Kyobo Book Center

승효상 | 2005
경기도 파주시 문발로 249(문발동)

서가 모습으로 설계된 건축물로 안에는 도서 창고와 전시 공간, 사무실을 갖췄다. 도시 디자인에서는 일반적으로 인근 강과 산의 조망을 방해할 수 있는 연속적인 매스 나열 형태의 건물을 피하도록 되어 있는데, 교보문고센터의 경우 긴 직사각형 대지에 세워졌음에도 건물을 작은 조각으로 나누어 설계했다. 도로 반대편으로 작은 조각들이 같은 방향을 바라보며 운집해 있다. 매스는 매스끼리 마주보고 보이드는 보이드끼리 마주한다. 이 배열로 작은 건물 조각이 모여 공동의 새로운 풍경을 만들어 모든 건물이 서로 다른 건물과 관계를 맺는 모습을 볼 수 있다. 건물 기단부 정면을 유리로 마감하면서 현무암으로 마감한 상부가 마치 공중에 떠 있는 것처럼 보인다.

포토피아
Photopia Warehouse and Workshop, Purple Whale

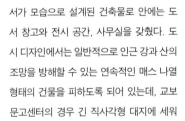

이로재김효만건축사사무소 | 2009
경기도 파주시 회동길 165(문발동)

포토피아는 보랏빛의 휘고 비틀린 단일 금속 매스 건축물이다. 건축가는 파주출판도시에 색을 더해 활기를 주려 했다. 유리벽으로 마감한 옥외 전시 공간은 금속 매스와 대비된다. 건축가의 말에 따르면 비틀린 매스 형태는 '자연의 맥락에서 파생'되었다. 이중 곡선은 매우 역동적인 내부를 만들어 낸다. 건물은 사진 관련 제품을 제작하고 가공하는 작업장과 창고로 사용한다. 리셉션홀에는 흐르는 듯한 형태로 연출된 공간과 중간층 라운지가 있다.

미메시스아트뮤지엄
Mimesis Art Museum

알바로 시자, 김준성,
카를루스 카스타녜이라 | 2009
경기도 파주시 문발로 253(문발동)

미 메시스아트뮤지엄은 출판사 열린책들의 예술서 전문 자회사인 미메시스에서 이름을 따온 소규모 사립 현대 미술관이다. 포르투갈 출신의 세계적 거장 알바로 시자(Alvaro Siza)가 설계를 맡았고 이름은 열린책들의

예술서 전문 브랜드인 '미메시스'에서 따왔다. 하나의 몸짓으로 이 건축물을 표현하자면 고양이가 몸을 둥글게 말았다가 쭉 늘이고 하품을 하는 모습이라고 이야기할 수 있다. 중정을 둘러싸는 곡선의 콘크리트 형태는 알바로 시자가 그린 고양이 그림에서 영감을 얻은 것이다. 건물 형태는 연회색 현장타설 콘크리트로 구현했고 노출콘크리트는 고양이를 닮은 곡선을 강조한다. 1층을 제외한 건물 외부에는 창을 설치하지 않으면서 조각의 조형미를 더 강하게 표현했다. 벽에

창문이 거의 없는 대신에 천장의 개구부를 통해 대부분의 자연광을 실내로 끌어들인다. 곡선 벽과 대조적인 형태의 천장과 천장 모서리의 천장에서 흘러나오는 빛이 실내를 밝힌다. 시시때때로 변하는 빛이 유입되는 방식에 맞춰 실내는 새로운 형태를 갖추게 된다. 미술관 내부 벽과 천장은 백색으로, 바닥은 포르투갈 이스트레모스산 대리석과 벌꿀색 오크나무로 마감했다. 백색 벽과 천장이 대리석과 오크나무로 마감한 바닥과 대비를 이룬다. 천장과 벽이 만나는 부분에는 상부

에 설치한 달천장(suspended ceiling) 일부를 잘라냈다. 건물은 지상 3층 규모로 서비스 공간과 출판사 사무실이 있는 지하층, 기획 전시실과 리셉션홀이 있는 지상 1층, 아래를 내려다 볼 수 있는 카페테리아와 직원 공간이 있는 2층, 주요 전시 공간인 3층으로 이루어진다. 길가에 맞닿은 정육면체 노출콘크리트 건물 외관은 2개의 곡선 날개를 그리며 건물 뒤 내부 정원을 형성한다.

마로니에북스

Maronie Books

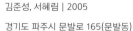

김준성, 서혜림 | 2005

경기도 파주시 문발로 165(문발동)

서가형 건물인 마로니에북스 사옥의 크기
는 도시 설계 지침에 따라 결정되었다. 건축
가 김준성과 서혜림은 기다랗고 폭이 좁은
막대 형태의 건물을 얇게 썰어 여러 개의 층
을 만든 뒤 이들을 접어 포개는 형태로 건물
을 설계했다. 접혀 포개진 벽 안쪽에는 유리
건물이 있으며, 양쪽 장변의 파사드는 노출
콘크리트로 이루어져 있다. 열린책들의 사
옥이었으며 현재는 마로니에북스가 사용하
고 있다.

도서출판동녘

Dongnyok Publishers

SANAA | 2005

경기도 파주시 회동길 77-26(문발동)

도서출판동녘의 본사 건물은 일본 건축유
닛 SANAA(Sejima and Nishizawa and
Associates)의 건축가 세지마 가즈요(妹島
和世)와 니시자와 류에(西沢立衛)의 작품이
다. 미니멀한 직육면체 상자 모양에 기둥이
없으며 모든 창문의 패턴은 불규칙하다. 벽
과 바닥판 모두를 노출콘크리트로 마감했다.
아래 3개 층에는 직원들이 근무하는 사무실
을 배치하고 4층에 기숙사를 두었다. 갤러
리와 이벤트 공간은 지상 1층과 그 아래층
에 배치했다. 계단과 화장실은 중앙에서 벗
어난 곳에 한데 모아두고 기숙사 방 3개 앞
에 작게 잘라낸 테라스를 설치했다.

웅진씽크빅 본사
Woongjin ThinkBig Office

김인철 | 2007

경기도 파주시 회동길 20(문발동)

김인철이 설계한 웅진씽크빅 본사 건물은 중간에 직사각형의 중정이 뚫린 타원형 바위 같은 모습이다. 2층 규모의 건물 외벽은 수직 방향의 성격이 강한 유리로 마감했으며, 옥상에는 한강을 조망할 수 있는 정원을 조성했다. 모든 사무실이 큰 규모의 안마당을 바라보도록 설계되었다. 건물을 가로지르는 길을 내면서 대지를 개방했다. 건물 외벽에 설치한 목재 루버는 책을 암시하며 이를 통해 대부분의 사무실 공간이 갖는 단조로움을 줄여준다.

들녘출판사
Dulnyouk Publishers

알레한드로 자에라폴로 | 2005

경기도 파주시 회동길 198(문발동)

영국 FOA(Foreign Office Architects)의 건축가 알레한드로 자에라 폴로(Alejandro Zaera-Polo)가 설계한 건물로, 4개 층 규모에 긴 면이 남쪽과 북쪽을 마주보게 세워졌다. 북측면은 '단단한' 콘크리트 외피를 둘렀고 남측면은 '부드러운' 목재로 마감했다. 나무판자를 사용해 마감한 건물 정면부는 FOA가 이전에 설계했던 요코하마국제여객터미널과 비슷하다. 북측면에는 주차장, 남측면에는 그린 테라스를 두고 건물의 짧은 두 면은 유리로 마감했다. 주 출입구 옆 지하부에는 경사로를 이용해 출입할 수 있는 추가 출입구를 만들었고 지상층에는 콘퍼런스룸과 카페를 두었다. 내부는 바닥판을 뚫어 사무실이 수직으로 열리도록 했다. 상부에는 테라스를 갖춘 게스트 숙소를 배치했다. 전체적으로 남측 녹지 정원과 북측 석재 정원 사이에 있는 병풍처럼 설계되었다. 각각의 층은 양쪽을 번갈아가며 바라본다.

헤이리예술마을

Heyri Art Village

경기도 파주시 탄현면 법흥리

경기도 파주에 조성된 헤이리예술마을에는 주택과 작업실, 미술관, 박물관이 모였다. 현재 박물관과 전시실, 콘서트홀, 서점 등의 건물이 들어섰고 62개의 카페와 식당이 운영 중이며 앞으로 더 세워질 예정이다. 헤이리에서는 건물들이 3층을 넘을 수 없도록 규제

해 주로 한국 건축가가 자신만의 고유한 특징을 내세워 건물을 설계했다. 서울을 벗어난지 1시간도 채 지나지 않아 만나게 되는 헤이리예술마을은 1997년 한국토지공사의 토지개발 프로젝트 일환으로 조성됐다. 원래 '책 마을'로 조성해 인근 파주출판도시와 연관 지을 생각이었다. 하지만 많은 예술가들이 참여하게 되면서 마을의 콘셉트가 점점 '예술마을'로 확대되었다. 오늘날 370여 명의 예술가들이 헤이리에 자신의 작업실과 박

물관, 미술관을 마련했다. 헤이리예술마을의 건축 코디네이터인 건축가 김준성은 예술마을 조성을 계획했고, 이 실험적인 도시 계획에 성공한 김준성은 "각각의 건축물에 집중하기 보다는 원래 이곳의 모습을 그대로 살리는 데 더 집중했다."고 말한다. '헤이리'라는 이름은 파주 지역에서 전래되는 전통 농요 '헤이리 소리'에서 따온 것이다.

안양

안양파빌리온

Anyang Art Space,
Multifunction Hall Young-Il Park

알바로 시자 | 2005
경기도 안양시 만안구 예술공원로 180
(안양동)

2005년 안양시가 시작한 안양 공공예술 프로젝트(The Anyang Public Art Project, APAP)로 안양시 인근 산에 여러 예술품이 전시된 새로운 테마파크가 탄생했다. 1970-1980년대 호황을 누리던 안양유원지는 지

난 10년 동안 쓸모없는 곳으로 방치되어 왔지만, 이 새로운 테마파크에서는 이 시대 최고로 손꼽히는 세계적인 건축가와 예술가의 작품을 만나볼 수 있다. 자연 공원 입구에 세워진 안양파빌리온 또한 프로젝트의 일환으로 알바로 시자가 설계한 작품이다. 회색 콘크리트 덩어리는 정적이기보다는 다면적인 외관을 통해 동적인 이미지를 준다. 건축가는 "필요에 따라 내향적인 듯하다가도 각기 다른 시각과 경로, 형태, 재료의 성질에 따라 외향적이 되기도 한다."고 이 작품을 설명한다. 이 다목적 파빌리온의 지상 1층에는

로비와 2배 높이의 전시 공간, 경찰서가 있고 위층에는 사무실과 회의실이 있다. 한쪽은 강, 다른 한쪽은 울창하게 숲을 이룬 언덕 사이를 자유롭게 흘러가는 듯한 형태를 보여준다. 건물의 형태에 따라 곡선의 개구부를 각기 다른 방향으로 내고 창문을 달았다. 노출콘크리트 단일 재료로 마감한 건축물은 조각 같은 형태를 뽐낸다. 지붕은 완만한 아치형을 이루며 입구 현관은 건물의 한 면 전체에 걸쳐 형성했다. 이밖에 안양 공공예술 프로젝트의 대표적 작품으로는 MVRDV의 '전망대', 아콘치스튜디오(Acconci Studio)의 '웜홀 주차장', 디디에르 피우자 파우스티노(Didier Fiuza Faustino)의 '1평 타워', 헬렌 박(Helen Park)의 '장소성/비장소성', 에코 프라워토(Eko Prawoto)의 '안양 사원', 헤르만 마이어 노이슈타트(Hermann Maier Neustadt)의 '리.볼.버', 사미 린탈라(Sami Rintala)의 '하늘 다락방', 구마 겐고(隈研吾)의 '종이뱀', 엘라스티코(Elastico)의 '오징어 정거장', 예페 하인(Jeppe Hein)의 '거울 미로' 등이 있다.

종이뱀

Paper Snake

구마 겐고 | 2005

경기도 안양시 만안구 석수동 산 22

안양예술공원

안양예술공원 안 휴식처인 종이뱀은 2005년 안양 공공예술 프로젝트 일환으로 일본 건축가 구마 겐고의 작품이다. 소나무로 둘러싸인 아름다운 언덕에는 풍경의 틀이 되고 주변의 자연과 동시에 공존하는 공간이 조성되었다. 자연의 물음에 답하며 플랫폼을 접어 공간을 만들고 공간을 감싼다. 유연하고 오래가는 구조체 구현을 위해 구조 엔지니어와 협업해 구조 패널을 만들었다. 40밀리미터 두께의 페이퍼허니콤코어(paper honeycomb core) 양면에 FRP(Fiber Reinforced Plastic) 시트를 붙여 압축시킨 패널은 가벼우면서도 강성이 높다. 투과성이 있는 반투명 패널은 부드럽게 빛을 끌어들이고 그림자를 드리우기도 하며 주위의 빛을 표현한다.

안양상자집 —
사라진(탑)에 대한 헌정

**Crate House Dedicated to
the Lost (Pagoda)**

볼프강 빈터, 베르트홀트 회르벨트 | 2005

경기도 안양시 만안구 석수동 산 22

안양예술공원

안양상자집은 다양한 색의 플라스틱 독일 맥주 상자를 쌓아 지은 집으로 독일 예술가 볼프강 빈터(Wolfgang Winter)와 베르트홀트 회르벨트(Berthold Hörbelt)의 작품이다. 평면상 아메바를 닮은 안양상자집은 빛이 실내로 유입되는 낮과는 반대로 밤이 되면 밖으로 빛을 발산해낸다.

리.볼.버

Re.vol.ver

헤르만 마이어 노이슈타트 | 2005

경기도 안양시 만안구 석수동 산 22

안양예술공원

독일 예술가 헤르만 마이어 노이슈타트의 작품으로 이름처럼 총의 형태를 닮았다. 각각 원형과 직사각형인 2개의 캔틸레버로 돌출시킨 통로를 구성했고, 원형 통로의 끝부분은 총신, 직사각형 통로의 끝부분은 개머리판을 연상시킨다. 외부면에 노랑·초록·빨강의 플렉시글라스(plexiglas)를 설치해 숲의 경관을 흥미로운 빛깔로 담아낸다.

전망대

Anyang Peak

MVRDV | 2005

경기도 안양시 만안구 석수동 산 22

안양예술공원

MVRDV가 설계를 맡아 삼성산의 등고선을 연장해 높이를 확장하고 정상부 구조를 고쳐 언덕 오르는 길을 나선형 타워로 변형했다. 꼭대기에서부터 형성되는 2개의 등고선에서 내외부 나선형을 형성하는 새로운 전망대 경사로의 형태를 따왔다. 빈 공간에는 파빌리온을 만들어 전시 공간으로 사용하고, 정상 주변을 뱅글뱅글 돌아 올라가는 경사로는 정상을 목적지로 바꾸었다.

그 외 경기·충청 지역

OTHER GYEONGGI-DO
CHUNGCHEONG-DO

킨텍스

Korea International

Exhibition Center, KINTEX

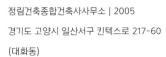

정림건축종합건축사사무소 | 2005

경기도 고양시 일산서구 킨텍스로 217-60

(대화동)

일산구의 중심 도로인 중앙로와 한강 사이 22만 4,800제곱미터 면적의 대지에 3층 규모의 거대한 국제 종합 전시장 킨텍스가 건설되었다. 인천국제공항과 서울 도심 사이 전략적 요충지에 놓여 있는 10만 8,000제곱미터 규모의 실내 전시장으로 2010년 제1전시장과 제2전시장 사이를 잇는 통로가 완성되었다. 제1전시장은 5만 3,000제곱미터, 제2전시장은 5만 4,500제곱미터 규모이다. 약 6,000명을 수용할 수 있는 행사장은 26개의 회의실과 그랜드볼룸을 갖췄다. 높이 솟은 건물 하나와 휘어지는 형태의 건물은 인근 고속도로에서도 이 거대 건축물을 알아보도록 하려는 설계사의 의도를 담고 있다.

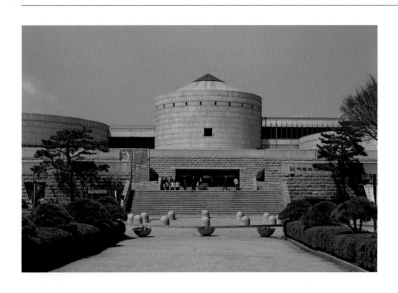

국립과천과학관
Gwacheon National Science Museum

삼우종합건축사사무소 | 2008
경기도 과천시 상하벌로 110(과천동)

삼우종합건축사사무소가 설계를 맡아 건설된 국립과천과학관은 이제 막 이륙하는 비행체 형태를 띤다. 기초과학관, 첨단기술관, 어린이탐구체험관, 자연사관, 전통과학관이라는 5개의 전시관을 갖추고 천체투영관, 천체관측소, 야외전시장인 곤충생태관도 운영한다. 과학관 앞에는 과학광장, 과학문화광장, 과학조각공원을 조성해 방문객에게 쉼터를 제공한다. 방문객이 직접 과학 체험을 할 수 있는 전시품이 전체의 절반 이상을 차지한다.

국립현대미술관 과천관
National Museum of Modern & Contemporary Art, MMCA

김태수 | 1986
경기도 과천시 광명로 313(막계동)

국립현대미술관 과천관은 국내외 현대 미술 작가의 작품을 전시한다. 설계는 건축가 김태수가 맡았으며 국립과천과학관 인근에 건설되었다. 한국 전통 성곽에서 영감을 받아 설계했고 미술관의 중심이 되는 램프 코어(Ramp Core)가 인상적인 건축물이다. 동관은 3층 규모이고 서관은 2층 규모의 건물이다. 상설 전시는 물론 기획 전시도 열리며 대부분의 전시를 무료로 감상할 수 있다. 3개 층에 걸쳐 6개의 전시실을 갖췄고 어린이미술관도 운영한다. 건물 안 봉화대의 모습을 물씬 풍기는 나선형 경사로가 있고, 램프 코어에는 백남준의 작품인 1,003개의 TV 모니터로 만든 《다다익선(多多益善)》을 설치했다. 이 작품은 설치한 이후부터 지금까지 국립현대미술관 과천관의 상징이다.

백남준아트센터
Nam June Paik Art Center

KSMS세멜스탄코빅아키텍츠 | 2008

경기도 용인시 기흥구 백남준로 10(상갈동)

백남준아트센터는 세계적인 비디오 아티스트 백남준의 작품 맥락과 관계해 설계된 건축물이다. 2003년 430여 명이 참여한 국제 공모전에서 당선된 독일 베를린의 KSMS세멜스탄코빅아키텍츠(KSMS Schemel Stankovic Architects)의 건축가 2명 크리스텐 세멜(Kristen Schemel)과 마리나 스탄코빅(Marina Stankovic)이 설계했다. 여러 겹의 반사 유리와 부분적으로 프린트 된 유리층이 정면부를 구성한 이 날개 모양의 건물은 전체적으로 주변 지형과 뒤섞여 있다. 각기 다른 겹의 유리에 비친 상과 프린트 된 패턴이 자연광을 걸러낸다. 유리 위에 새겨진 패턴과 투영되는 상이 맥락과 건물, 그릇과 내용물, 진짜 이미지와 투영된 이미지 사이의 애매모호한 공간을 창조한다. 지상 3층, 지하 2층 규모의 백남준아트센터는 전시실과 비디오 아카이브, 세미나실, 다목적실 등을 갖췄다. 1960년대 백남준은 독일 플럭서스(fluxus) 그룹의 일원이 되어 플럭서스 운동에 동참했다. 5,500제곱미터 규모의 전시 공간에는 백남준의 주요 작품을 전시한다. 아트센터 공사가 시작되기 몇 달 전인 2006년 1월 백남준은 세상을 떠났다.

지앤아트스페이스
Zien Art Space

조성룡 | 2008

경기도 용인시 기흥구 백남준로 7(상갈동)

지앤아트스페이스는 5개의 건축물이 도란도란 모이고 그 사이로 참나무와 도자예술품이 놓여 마치 자그마한 마을을 연상시키는 작은 문화 공간이다. 흐르는 듯한 지형과 더불어 건축물끼리 유기체적 관계를 조성하도록 배치했다. 건물들은 자연 경관을 조성하면서 주변 환경에 녹아든다. 방문객은 아트 갤러리, 카페테리아, 연못, 작업장, 아트숍, 스튜디오를 모두 둘러보고 스튜디오에서 강연을 들으며 직접 도자기를 만들고 가마에 작품을 구워보는 경험을 할 수 있다. 플라워숍과 그곳에서 파는 토분은 삶의 공간과 아트 뮤지엄이 공존하는 상징적인 느낌을 준다. 5개의 건축물은 각각의 개성을 드러내는 동시에 전반적으로 유기적 관계를 형성하며 길 건너 백남준아트센터와 시각적 관계성을 갖는다.

수원화성박물관

Suwon Hwaseong Museum

정림건축종합건축사사무소 | 2009

경기도 수원시 팔달구 창룡대로 21(매향동)

화성박물관에서는 한국의 주요 문화 유산이
자 유네스코 세계 유산인 수원 화성의 역사
와 문화를 소개한다. 2층 규모의 박물관 전
체가 상설 전시관으로 쓰인다. 홀에서는 화
성 축성과 화성과 관련된 도시, 문화중심지
의 발전을 이야기한다. 그뿐 아니라 박물관
에서는 어린이체험실도 운영하고 있다. 정림
건축종합건축사사무소는 화성의 모양을 본
떠서 수원화성박물관을 설계했다. 또한 박
물관 옥상 전망대에서는 건물 주변을 둘러싸
고 있는 유적지를 감상할 수 있다.

성균관대학교
삼성학술정보관
Samsung Library at
Sungkyunkwan University

삼우종합건축사사무소 | 2009

경기도 수원시 장안구 서부로 2066(천천동)

성균관대학교 도서관은 역사가 길다. 한국의 첫 번째 도서관인 존경각은 1475년 한국의 첫 고등교육기관인 성균관에 세워졌다. 성균관대학교 자연과학 캠퍼스 안에 건설된 새 도서관인 삼성학술정보관은 '학생이 머물며 최첨단 정보를 활용하고 싶은' 장소를 목표로 설계되었다. 삼우종합건축사사무소가 설계를 맡아 캠퍼스 중심축 위에 세웠다. 이 새로운 도서관의 형태는 펼쳐놓은 책과 비슷하다. 건물 정면부 이미지는 성균관대학교의 교목인 은행나무 잎의 성장 곡선에서 가져와 곡선 철골과 유리로 마감했다. 로비에 들어서면 커다란 홀을 통해 실내로 들어오는 밝은 자연광을 느낄 수 있다. 홀 주변으로 돌출되듯 튀어나온 회의실이 인상적이다. 다양한 크기의 회의실은 단절되기보다는 시각적으로 서로 연결된 것처럼 보인다. 도서관 2층과 5층 사이에 있는 그룹 스터디룸은 건물 안에서의 활기 넘치는 기운을 밖으로 표현해낸다. 3,000여 개가 넘는 자습 좌석을 갖춘 열람실은 키오스크를 통해 자리를 예약할 수 있다. 지하 1층에는 24시간 열람실, 도서 및 잡지 서가와 강당이 있고 1,000여 개가 넘는 디지털 사물함을 설치했다. 2층에는 시청각실과 시네마룸, 미디어편집실과 같은 멀티미디어 관련 공간을 갖췄다. 학술정보관 안 카페에서는 캠퍼스를 두루 조망할 수 있다. 2-5층에 배치된 다양한 크기의 그룹 스터디룸 대부분은 아트리움으로 쑥 튀어나와 아트리움의 흥미로운 모습을 내려다볼 수 있다. 6-7층은 도서관 운영 사무실로 사용한다.

성남아트센터
Seongnam Arts Center

동남아태종합건축사사무소 | 2005
경기도 성남시 분당구 성남대로 808(야탑동)

성남아트센터는 성남시에서 가장 큰 문화예술공간이다. 아트센터 안 3개의 주요 공연장에서는 다양한 공연이 열린다. 1,854명의 관객을 수용할 수 있는 오페라하우스에서는 뮤지컬, 연극, 발레를 공연한다. 콘서트홀은 고전 음악 공연을 위해 설계된 공연장이며 2개 층의 객석에서 994명이 공연을 관람할 수 있다. 378석의 객석을 갖춘 앙상블시어터는 일반 무대뿐 아니라 객석으로 둘러싸인 T자형 무대로 관객과 무대의 거리를 좁혔다. 성남아트센터는 다목적 미술관도 운영한다. 둘로 나뉜 구역에 총 5개의 전시실이 배치되었다. 오페라하우스 아래에 있는 본관에 3개, 앙상블시어터 1층에 있는 별관에 2개의 전시실이 있다.

NHN그린팩토리
NHN Green Factory

NBBJ | 2010
경기도 성남시 분당구 불정로 6(정자동)

NHN그린팩토리는 한국의 선두 인터넷 기업인 NHN 본사옥으로 미국 로스앤젤레스의 NBBJ(Naramore, Bain, Brady & Johanson)가 설계를 맡았다. 철골과 유리로 마감한 지상 26층 규모의 건물은 밝은 초록색 외벽에 조정 가능한 수직 루버를 설치해 실내로 들어오는 햇빛의 양을 조절할 수 있다. 밤에는 야간 자동 루버 시스템을 이용해 선택적으로 안에서 새어나오는 빛을 막아 건물 외벽에 각기 다른 메시지와 이미지, NHN 로고를 표현한다. 건물 내부는 개방형 환경을 구현하고 직원 간 의사소통이 자유롭게 이루어지는 공간으로 설계되었다. 사무 공간은 회의실과 우편함, 게시판, 준비실, 회의용 탁자를 갖춘 중앙의 열린 회의 공간에 집중하도록 설계되었다. 각 층의 작업 공간을 조성하고 회의용 탁자를 놓아 구심점 역할을 하는 광장과 하이브(hive)로 사무실을 나누었다. 대부분의 중앙 회의 공간에는 독특

한 가구가 설치되었다. 비상계단 벽면은 평범한 콘크리트 마감이 아닌 색다른 패턴을 그려 넣어 차별성을 두었다. 계단 공간은 재미없는 콘크리트 비상계단 대신 스트레칭 같은 가벼운 운동을 하고 숲 그림을 보며 마음을 가다듬는 공간으로 활용된다. 또 그린팩토리는 자체 운동장도 갖췄다. 건물 최상층에는 카페와 작은 정원을 두어 주변 경관을 즐길 수 있다. 건물 외벽의 수직 루버는 자연광을 실내로 끌어들이기 위해 하루 종일 이동하며 다양한 외관을 선보인다.

헤르마주차빌딩
Herma Parking Building

이정훈 | 2010

경기도 용인시 죽전로15번길 8-19(보정동)

경기도 용인시 단국대학교 인근 카페 거리 초입의 주차장 빌딩으로 1층에는 상가가 들어서 있다. 헤르마는 그리스·로마 신화에서 영감을 받아 지은 이름이다. 빛에 따라 미세하게 변화하는 외피는 중성의 신 헤르마프로디토스를, 길가에 쌓아둔 돌기둥은 전령의 신 헤르메스를 의미한다. 설계를 맡은 건축가 이정훈은 '주차장 같지 않은 주차장'이라는 디자인 개념을 전제로 두고, 이 건물을 위해 프랑스에서 한국으로 돌아와 완공까지 1년 동안 현장 컨테이너에 살며 시공 과정에도 참여했다. 물결치는 외벽은 하나하나 다른 아연 도금 파이프로 제작된 틀에 스테인리스 루버 935개를 일일이 용접으로 이어 붙인 것이다. 외관을 마감한 폴리카보네이트는 5겹의 표층으로 이루어졌으며 외부는 보라색, 내부는 백색으로 코팅·도색했다. 635개의 패널은 모두 크기가 다르게 설계되었다. 감각적인 재료 사용과 파격적인 디자

인이 돋보이며 낮과 밤의 모습이 극명한 대비를 이룬다. 삼각형 형태의 정면은 60도부터 150도까지 10개의 다른 각도로 구성되었으며 빛과 도시의 풍광을 반사하고 가로의 새로운 패턴을 만들어 낸다. 특히 재료나 구조의 깊은 이해와 함께 기능적으로도 좋은 공간 해석으로 거리의 풍경을 잘 만들어내 기존의 주차장 빌딩과 다른 혁신적인 디자인을 제안했다.

아난티클럽
Ananti Club

켄 민 성진 | 2010

경기도 가평군 설악면 유명로 961-34(방일리)

고전 유럽 스타일의 클럽하우스를 자랑하곤 했던 리츠칼튼컨트리클럽은 골프 코스와 클럽하우스를 재건설하고 이름을 아난티클럽 서울로 변경했다. 서울에서 차로 30분 떨어진 유명산 오목한 곳에 조성된 아난티클럽은 울창한 소나무 숲으로 둘러싸여 숲의 멋진 풍경을 즐길 수 있다. 재설계는 생태계 파괴를 최소화하면서 건물을 연못, 계

곡, 평지, 급경사지 등 다양한 자연적 지형과 높이를 서로 연결하는 것에 집중했다. 눈길을 끄는 8,200제곱미터 건축 대지의 존재감을 최소화하기 위해 건물의 약 92퍼센트를 땅속으로 집어넣었다. 건축가 켄 민 성진이 설계한 건축물은 자연과 뒤섞이는 경향이 있다. 28미터 높이 차이를 예전과 같은 이동 방향에 따라 다섯 레벨로 나누었다. 퍼팅그린과 티박스는 최하층 레벨에, 수영장과 레스토랑은 다음 레벨에 두었다. 주 출입구와 주차장은 중간 레벨에 설치하고 연못과 연회장, 전망대를 상위 2개 층 레벨에 배치했다. 아난티클럽은 골프 외에도 수영, 테니스, 트레킹, 아이스 스케이팅, 크로스컨트리 스키, 사우나를 즐길 수 있는 시설을 갖췄으며 골프 코스로도 좋지만 주변 풍경을 감상하기 좋다. 직원 약 200명이 일하는 클럽하우스는 주 출입구와 타워를 나란히 두어 골프 코스 어디에서든 볼 수 있는 등대 역할을 한다. 아난티클럽하우스 건물은 군데군데 구

멍을 내 건물을 땅 속에 박아 넣은 것처럼 보인다. 매스의 곡선을 강조하기 위해 땅 속으로 숨기고 외관은 노출콘크리트로 마감했다. 주 출입구는 티타늄 아연 패널을 사용해서 마감했고 타워에는 색이 변하는 복합패널을 사용했다.

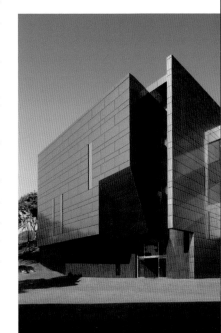

양주시립장욱진미술관
Yangju City Chang Ucchin Museum of Art

최-페레이라 건축 | 2013

경기도 양주시 장흥면 권율로 193(석현리)

장욱진미술문화재단과 양주시가 협력해 지은 경기 북부 최초의 국·공립미술관으로 화가 장욱진을 사랑하는 이들이 즐겨 찾는 미술관인 동시에 예술의 가치가 공공 건축으로 구현된 아름다운 장소이다. 철근 콘크리트조로 지은 건물이지만 외부 벽과 경사진 박공(牔栱)지붕까지 모두 유백색의 반투명 폴리카보네이트 패널로 마감해 숲 속의 깨끗한 오두막 같은 이미지를 준다. 미술관의 출입구로 들어서면 전시실이 한옥 방처럼 이어지며 꼬리에 꼬리를 물고 있다. 모양도 크기도 조금씩 다르지만 합쳐져 하나의 몸을 이룬다. 이렇게 꼬리가 있는 고리 모양의 전시장은 부분적으로 층고를 높인 벽에 만든 필터 역할의 창을 통해 낮의 햇볕을 적극적이면서도 선택적으로 받아들여 작품 감상을 위한 공간을 만들어 낸다. 미술관 2층은 내향적인 다락방이 이어지며, 햇빛을 엄격히 통제해 오디오 비주얼 작품 등의 전시가 가능하다. 미술관을 설계한 건축가 최성희와 로랑 페레이라는 장욱진의 예술 세계를 '주제들이 갖는 관계의 상관성'으로 파악하고 그 개념을 따라 전시 공간을 배치했다.

동화고등학교 송학관
DH Triangle School

네임리스 건축 | 2015

경기도 남양주시 경춘로 434(도농동)

동화고등학교 송학관은 일명 삼각학교로 불린다. 건물의 평면을 완전한 정삼각형으로 디자인한 건축가 나은중과 유소래가 붙인 별칭이다. 송학관의 삼각 입면은 인접한 주변 환경마다 서로 다른 표정을 하고 있다. 북측의 학교 운동장을 향한 개방성, 서측의 중학교 건물을 향한 닫힘, 동측의 뒷산을 향한 절충된 입면 구성이 바로 그런 배경을 담은 것이다. 이런 복합적인 성격과 달리 내부는 안을 향해 열려 있다. 특히 교실이 위치한 2-3층에는 하늘을 향한 중정을 두었다. 중정을 구획하는 투명한 내부 삼각형은 건물의 외부 삼각형과 각도가 서로 어긋나며 층간의 수직적인 틈을 만들어, 각층을 하나의 공간으로 연결해 어느 위치에서든 열린 시야를 확보했다. 건물의 중심부에 위치한 이 외부 공간은 일정한 조도의 학습 환경을 만드는 동시에 빛과 바람을 만나는 작은 정원으로 기능한다. 중정을 매개로 조직된 삼각형 건물은 유동적이며 유희적인 사회적 공간으로서 열린 대화의 매개체가 된다.

한국문화연수원
Korean Culture Training Institute

승효상 | 2008

충청남도 공주시 사곡면 마곡사로 1065
(운암리)

이로재에서 설계를 맡은 한국문화연수원은
전통 불교와 불교 예술 증진을 목표로 세워
졌다. 교육 및 연수 시설, 식당, 강의실, 숙
소, 대강당을 갖춘 2–3층 높이의 건물은 철
골조와 철근콘크리트조로 건설되었고 외부
는 모두 현무암과 유리, 목재, 티타늄으로 마
감했다.

찾아보기

건축가별 찾아보기(Index of Architects)

용도별 찾아보기(Index of Building Types)

도판 출처(Index of Illustrations)